史跡と神話の舞台をホロホロ!

ハワイ カルチャーさんぽ

オアフ島編

森出じゅん

Contents

Chapter 2

ホノルル ワイキキ…74

COLUMN

Chapter 3

ホノルル 郊外…100

COLUMN

本書タイトルにある
Holoholo(ホロホロ)とは
ハワイ語で
「おさんぽ、そぞろ歩き」を
意味します

データの見方　住所　開館時間など　$料金　アクセス　URL ウェブサイト

はじめに

本書は、私が30余年暮らしてきたオアフ島の、史跡や神話の舞台といったカルチャースポットを紹介する案内書です。

今でこそハワイはアメリカの一部となっていますが、かつてここには王国があり、独自の文化が花開いていました。カメハメハ大王がハワイ諸島を統一し、ハワイ王国を築いたのが18世紀末。19世紀半ばから王国の首都が置かれていたホノルルには、王国時代の史跡が集中しているのです。

さらに過去に目を向ければハワイの歴史は王国時代をはるかにさかのぼり、島々にハワイアンが定住したのは1000年以上も昔。その間、各地で美しい神話が語られ、神話や伝説の舞台訪問も、ハワイでのカルチャーさんぽの楽しみのひとつになっています。

この本ではオアフ島を6つのエリアに分け、そういった史跡や神話の舞台など見るべきスポットをカラー写真とともにご案内。とはいえ本書は、危険な山中や崖っぷちに皆さんを誘う類いの「冒険ガイド」ではありません。私たちが日頃、島の散策やドライブで目にしている何気ないスポットの、知られざる逸話や過去を紹介するのが本書の意図するところです。

例えばワイキキを例に挙げれば、高級ホテル、ハレクラニホテルの前にはハワイアンが古来あがめた「癒やしの海」が広がっていること。またロイヤルハワイアンホテルの敷地に昔、王家のヤシ園があったこと。そこに怪鳥にまつわる神話が伝わることなどをご存じでしょうか？

またダイヤモンドヘッドやココヘッド、ココ・クレーターといったおなじみの山々にも、神々の物語が残ります。

この本を手に島を巡り、そういったハワイの意外な過去やディープな歴史を知ってほしい。本書はそんな願いとともにまとめた、カルチャー案内です。スポット紹介と並行して、巻末にまとめたハワイの「年表」「王族」「神々」「言葉」を合わせて読んでいただけると、島の歴史や神話世界への理解がさらに深まるはずです。

なお各章のスポットはなるべく訪問しやすい順番で掲載していますが、都合により順不同となっている部分もあります。

またスポットにはごく簡単なアクセス情報は添えましたが、訪問には詳細なマップをあわせて携行いただくことをおすすめします。次のハワイで、ぜひカルチャーさんぽを楽しんでみてください！

オアフ島MAP

本書で紹介する6つのエリアを、まずは地図でざっくり紹介します。
島を散策する前に、主要な町の位置も確認しておきましょう。

Niihau
ニイハウ
Kauai
カウアイ
Oahu
オアフ
Molokai
モロカイ
HONOLULU
ホノルル
Maui
マウイ
Lanai
ラナイ
Kahoolawe
カホオラヴェ
Mauna Kea
Mauna Loa
ハワイ諸島 MAP
Hawaii
ハワイ
Chapter 5
Sunset Beach
Waimea
Haleiwa
ハレイヴァ
Mokuleia
Waialua
Kaena Point
カエナ岬
Wahiawa
ワヒアワ
Makaha
Waianae
ワイアナエ
Chapter 6
Kapolei

Chapter 1

Honolulu
Downtown & Nuuanu

ホノルル
ダウンタウン & ヌウアヌ

ホノルル国際空港とワイキキの中間に位置するダウンタウンは、ハワイの政治・経済の中心地。今でこそ高層ビルが連なる都会的な地域ですが、その昔はホノルル港を中心に発展したのどかな港町でした。

19世紀半ばからはハワイ王国の首都が置かれていたため、ダウンタウンには王族ゆかりの歴史的建造物が集中しています。あのカメハメハ大王像が立つのもここ。比較的小さなエリアに見どころが点在しており、徒歩で回るのがおすすめな一方、店舗や企業が閉まる夕刻以降や週末は町の雰囲気が変わります。週日の日中、訪れるようにしましょう。

なおこの章では、ダウンタウンの山側に広がるヌウアヌ地区も合わせて紹介。ダウンタウンの中心からは車での移動となりますが、王家の霊廟をはじめ重要な史跡が点在するヌウアヌも、ぜひ足を延ばしたい地域です。

ハワイ王国建国の父

カメハメハ大王像

ハンサムな銅像に隠された秘密とは？

カメハメハ大王といえば1795年、ハワイ諸島を統一してハワイ王国を築いた英雄（NOTE❶）。その銅像はカラカウア王（NOTE❷）の治世の1883年に建立されたものですが、あのハンサムな銅像は実はカメハメハ大王の似姿ではなく、**別人をモデルにしたもの**であることをご存じでしょうか？

カメハメハ大王が生きた時代には写真の技術がなく、大王についてもただ肖像画が数点、残されているだけ。そのため19世紀当時、ハワイ王国政府の要職にあった**マウイ島王族のひとり、ロバート・ホアピリ・ベイカー**が、銅像のモデルを務めることになりました。

ベイカー氏は羽毛で作ったケープにヘルメット（NOTE❸）といういにしえの王族の装いをしてカメラの前でポーズをとり、その写真をもとに作られたのがあの大王像というわけです。

店先の置物と化していた大王像

ホノルルのシンボル、カメハメハ大王像は、実は別人をモデルに作られた

一方、この大王像が2代目であることは、よく知られています。大王像はイタリアで制作され、ホノルルに向けて出荷されましたが、船が沈没。その後、初代の大王像は海から回収され、ハワイ島へ送られました。初代の銅像が海で失われたあと、すでに2代目の大王像が発注されていたからです。

銅像発見の経緯についてはよくガイドブックなどに「奇跡的に海から発見された」とだけ記されていますが、実際の事の成り行きはさらに奇跡的でした。大王像はアルゼンチン近くのフォークランド諸島沖の海から引き上げられたあと、まず島の某店に引き取られていました。彼の地ではそれが偉大な大王の銅像だとは誰も知りませんから、店頭の飾り物と化していたのです。

それをハワイへの航海中に同島に寄港した

ジャービスなるイギリス人船長が、島の散策中にたまたま発見。ジャービス船長はハワイをたびたび訪れていたので、海に沈んだ大王像の噂を耳にしていました。そこで大王像を買い取ってハワイに運び、ハワイ王国は$875を払って大王像を引き取った……というのが事の顛末です。「ホノルル港に大王像到着」との知らせを受けた王国政府は、驚愕したに違いありません。

初代の大王像はその後、海中で剥がれ落ちた部分などを修復され、ハワイ島へ。一方、ホノルルには2代目の大王像が飾られることになりました。

なお大王像を見学の際は、正面だけではなく四方をグルリと回り、じっくり眺めてみてください。土台の四面には、イギリスのクック船長のハワイ到来(NOTE❹)や、カヌーの大軍団を眺めるカメハメハなど、**大王の生涯を象徴する4枚の銅板画**がはめ込まれており、芸術的&歴史的に一見の価値があります。

知っトク! NOTE

❶カメハメハ大王（1758年前後～1819年）はハワイ島の王族として生まれ、1795年にハワイ諸島を統一しました。

❷王国7代目の君主。在位1874年～1891年。

❸古代ハワイで羽毛は珍重され、宝石に代わる価値の高いものでした。そのレイやケープ、ヘルメットを身に着けることができたのは王族だけ。王族の象徴ともいえるものでした。

❹1778年。若きカメハメハは、実際にクック船長の船を訪れています。

1. 土台正面の「砕けたパドルの法律」の場面。ハワイ初の人権保護法。パドルが砕けるほど自分を殴った敵方の村人をカメハメハが「誰にも自衛権がある」として放免。その言葉が後に法律化された　**2**. クック船長の帆船に向かうカメハメハ　**3**. 自身のカヌー軍団を眺める場面　**4**. いっせいに投げられた 6 本の槍を受け止める場面。これはあるイギリス人が実際に目撃した光景

King Kamehameha Statue
カメハメハ大王像

447 S. King St, Honolulu

ワイキキから車で約 20 分。イオラニ・パレスの向かい

COLUMN

故郷以外では嫌われていた？ カメハメハ大王

太平洋のナポレオン、ハワイの英雄。そんな輝かしい形容で世界に知られるカメハメハ大王ですが、意外なことにハワイでは嫌う人も多いのです。カメハメハ大王の生まれたハワイ島以外（NOTE❶）では特に……。

1790年にまず故郷のハワイ島の頂点に立ったカメハメハ大王（NOTE❷）は、続いてマウイ島、オアフ島、カウアイ島を傘下に。つまりは**ハワイ島以外の全島は、カメハメハ大王に征服された過去をもつ**ことになります（ただしカウアイ島だけは武力で制覇したのではなく、カウアイ島の王、カウムアリイと協議した結果でした）。

数多の島々があり、もとはまったく系統の異なる王家が各島を支配していたハワイ。諸島を統一して王国を築いたカメハメハ大王を、偉人ではなく征服者と見る人も多いのです。

そんな背景から1997年、**カウアイ島でカメハメハ大王の銅像の設置が拒否される**という、ショッキングなできごとが起こりました。島北部のプリンスヴィルのホテルが敷地に建立しようと大王像を発注したのですが、いざ完成すると、島民が声高に設置に反対。

そのためホテルは結局、大王像をカメハメハの故郷であるハワイ島に寄贈することに。**銅像は、**

島東部の町ヒロのワイロア州立公園に建立されることとなりました（NOTE❸）。
まるで会津―長州のハワイ版のような話ですが、王国建国から200年以上を経た今も、島間の確執は残っているといえそうです。

知っトク！ NOTE

❶ハワイ諸島には130以上の島があり、そのうちホノルルのあるオアフ島など、人の住む（または過去住んでいた）8島がハワイ主要8島。詳しくはP.8の地図を参照ください。

❷カメハメハ大王はハワイ島の大首長の甥。大首長の死後、正当な跡継ぎである従兄弟たちを倒しハワイ島の長になりました。

❸大王像はオアフ島に1体、ハワイ島に2体。首都ワシントンD.C.の国会議事堂彫像ホールにも1体があります。

半神半人の女首長が暮らした海

ホノルル港

カメハメハ大王の拠点だった時代も

かつては小さな入江だったホノルルの港が、外国船を迎えるようになったのは１７９４年。イギリスの貿易船バターワース号（NOTE❶）が入港したのを機に外国船の寄港が始まり、オアフ島の海の玄関としての機能が整えられていきました。

それまでは入江に沿って草ぶき屋根の家々や養魚池が連なり、ハワイの海辺の村らしい、のどかな光景が広がっていたホノルル港周辺。19世紀末に海際が１００ｍほど埋め立てられ、海岸線がやや変わっていますが、その昔は現在のアロハ・タワー（NOTE❷）がそびえるスポットの手前まで、岬が延びていました。

パカカ岬と呼ばれたその岬に建っていたのが、オアフ島を代表する**パカカ神殿**。オアフ島各地にあった神殿の総本山と目され、島の神官たちの修行の場でもありました。

また神殿の横では、１８０９年から１８１２年まで**カメハメハ大王が暮らしていました**。１７９５年にオアフ島を征服後、しばらくワイキキに島の拠点を置いていたカメハメハ大王。１８０９年、

ホノルル港は今もクルーズ船などの出入りでにぎわうほか、レストランや大学施設がある

外国船の寄港が多くなってホノルル港の際に転居し、ハワイ島帰郷までの3年間を過ごしたのでした（NOTE❸）。

　ちなみにコラム「故郷以外では嫌われていた？　カメハメハ大王」（→P.16）で触れたカメハメハ大王と**カウアイ島のカウムアリイ王**の密談が1810年に行われたのも、このパカカ神殿。さらに19世紀後半には、近くの埠頭にカラカウア王の別宅が。ホノルル港周辺には、王族にちなんだディープな歴史が埋まっているというわけです。

サメの女神やヒイアカ神話の舞台

　ホノルル港周辺の海には、いくつかの神話も伝わっています。そのひとつが**女首長ママラの物語**。ママラはサメの化身で半神半人。普段は美しい人間の女性の姿で、港近くの海辺で暮らしていました。

ママラはサーフィンの名手でもあり、ホノルル港の入口にあるサーフスポットがママラのお気に入りのサーフスポットでした。荒い波も難なく乗りこなし、まるで踊るように楽々と波に乗るママラを岸から見て、人々はやんやと喝采を送ったとか。

過ぎし日のホノルル港でのサーフィンの光景は、**火山の女神ペレの妹ヒイアカの物語**（NOTE❹）にも登場しています。カウアイ島からハワイ島への旅の途中、ホノルル港に入ったヒイアカ。サーフボードの上にひざ立ちしたり立ったりして波に乗る男女をたたえ、詠唱をささげたのでした。

ちなみにママラの好んだ港入口のサーフスポットの名は、**ケ・カイ・オ・ママラ**（**ハワイ語で「ママラの海」**）。ホノルル港から真珠湾にかけての広域の海は古来、ケ・カイ・オ・ママラと呼ばれ、現在はママラ湾として地図に記されています。

知っトク！NOTE

❶バターワース号のウィリアム・ブラウン船長が港を「きれいな避難所、港」と呼んだことから、「守られた港」を意味するホノルルという地名が生まれました。

❷1926年建造。高さは約55mで灯台および、港監視人が常駐する展望台として長年使われました。

❸カメハメハ大王は1812年にハワイ島コナに帰り、1819年に死去しました。

❹ヒイアカは姉ペレの思い人をハワイ島からカウアイ島に迎えに行き、ハワイ島に戻る途中でオアフ島に立ち寄っています。

1.1860 年代のホノルル港。すでにハワイ王国は各国と通商条約、通行条約を結び、世界中から船が入港していた　**2**. 港周辺には今、商業施設「アロハ・タワー・マーケットプレース」とハワイ・パシフィック大学などがある　**3**. 灯台&展望台のアロハ・タワー

Honolulu Harbor
ホノルル港

1Aloha Tower Drive, Honolulu（アロハ・タワー・マーケットプレース）
カメハメハ大王像から海側に徒歩約 3 分

ホノルル港を守った砦の名残

フォートストリート&大砲

ダウンタウンを山側からホノルル港へと貫くフォートストリートは、ときにはファーマーズマーケットも出る歩行者天国。今の様相からは想像できませんが、ハワイ王国時代には海側の端に砦(フォート)があったことから、その名が付いています。

砦はホノルル港の守備のため1816年に造られ、1857年まで港を守っていました。1816年といえばカメハメハ大王の治世。砦はもともと、**ロシア人が建造**したものですが(NOTE❶)、カメハメハ大王はロシア人を警戒してオアフ島から追放。砦をハワイ王国の砦として造り変えたという経緯があります。

砦は高さ約5m、厚み約3・6mの壁に囲まれ、2400坪ほどの広さがあったとか。一時は52台もの大砲がホノルル港に向かって配置され、外敵の侵攻に目を光らせていました。

砦が1857年に閉鎖された後、それらの大砲も撤去されましたが、数台の大砲は礼砲用としてパンチボウルの丘に設置されることに。1938年、そのうちの1台が記念碑として砦のあった場所に戻され、今にいたっています。

現在、かつて砦だった場所の一角にはウォーカー公園(NOTE❷)があり、噴水の海側の木陰

1. かつて砦にあった大砲のひとつ。ニミッツハイウエイと噴水の間に置かれている
2. 砦のあった場所に作られたウォーカー公園

に大砲がひとつ、ぽつりと置かれています。何の説明書きもなく、一見してそれが本物かどうかもわかりませんが、実はハワイ王国時代の歴史を秘めた大砲なのでした。

知っトク! NOTE

❶カメハメハ大王は当初、ホノルル港に出入りしていたロシア人商人に港近くの土地の使用権を与えていましたが、土地が軍事利用されそうになったとき、ロシア人を放逐。ロシア人らはカウアイ島に移り、当時の島の王カウムアリイの許可を得てワイメアに建てたのが、現在「パーウラウラ」の名で知られる「ロシア砦エリザベス」です。

❷公園の隣接地に以前あったアムファック社の重役、ヘンリー・アレキサンダー・ウォーカーにちなんで命名されました。

Fort Street & Cannon
フォートストリート&大砲

フォートストリートとニミッツハイウエイの交差地点。ニミッツハイウエイの山側

COLUMN

公開処刑された王族

時はカメハメハ3世（カメハメハ大王の息子）時代の1840年。フォートストリートの砦で、ひとりの王族が処刑されました。

王族の名は**カマナワ2世。カマナワはカメハメハ大王の従兄弟の息子**で、ハワイ王国でもごく位の高い王族のひとりでした。実際、王国**7代目君主のカラカウア王、8代目のリリウオカラニ女王はその孫**に当たります。当時55歳だったカマナワは愛人と一緒になろうと、妻を毒殺した罪で絞首刑に処されたのでした。

その際、毒殺の実行犯であるハワイアン男性も一緒に公開処刑されており、ふたりは不名誉にもハワイ王国で初めて死刑に処された人物として、ハワイ史に名を刻まれることに。処刑の場には、1万人もの市民が集まったといわれています（NOTE❶）。

カメハメハ3世はこの時、ごく血のつながりの強い近親者を公開処刑したことになりますが、その裏にはキリスト教宣教師の陰がありました。アメリカはニューイングランドから、1820年にハワイにやって来たプロテスタント宣教師たち。またたく間に王族たちの支持を取りつけ、当時、強大な権力を握っていたのです（NOTE❷）。

特に11歳で国王になったカメハメハ３世は自身の教育係だった宣教師を顧問として政府に迎え入れており、カマナワの処刑時にも、宣教師たちの言いなりになっていたという見方があります。極めて高位の王族が公開処刑になった背景には、そんな複雑な政治事情があったといえそうです。

知っトク！NOTE

❶当時４歳だったカラカウア王も、処刑を目撃したといわれています。

❷1819年にカメハメハ大王が死去したあと、神の名の下に細かな掟でハワイの社会をがんじがらめにしていた古来の宗教が崩壊。神殿や神像が破壊されました。キリスト教宣教師がハワイに上陸したのはその翌年。王族が次々とキリスト教に帰依した背景には、古来の神々を否定したことへの罪悪感や恐れがあったともいわれます。

ハワイ王国の風雲児

ロバート・ウィルコックス像

軍服姿でライフル銃を手にした勇ましいその銅像そのままに、ロバート・ウィルコックスは軍人気質の誇り高い王族でした。1855年、マウイ島王族の母とアメリカ人船長の間に生まれ、ときには政府にも牙を剥いた好戦的な政治家として後世に名を残しています。

25歳で王国議会議員になったあと、ウィルコックスは政府の支援で**イタリアの軍事学校に留学**。当時有望な若者を海外に送る制度が始まっており、ウィルコックスも選抜された18人のうちのひとりだったのです。ところが8年後に帰国すると、過激な政治活動で政府を悩ませることに。

ウィルコックスが帰国した1888年は王国の屋台骨が傾き、サトウキビ農園主や宣教師の息子ら白人勢力が国王をしのぐほどのパワーを握りはじめた時代でした（NOTE❶）。そんな状態に業を煮やしたウィルコックス。帰国翌年、実質的に白人勢力が牛耳っていた政府に対し反乱を起こすなどして、2度投獄されています（NOTE❷）。

ところがウィルコックスは釈放されるたび政界に復帰。1900年、アメリカ連邦議会の議席を**初のハワイ選出議員**として射止めたのもウィルコックスでした（NOTE❸）。

そんなウィルコックスを、カラカウア王やリリウオカラニ女王は支援者ではなく危険人物と見な

1. 勇ましい軍服姿のウィルコックス像
2. カラカウア王により選ばれ、イタリア・トリノの軍事学校に留学した（写真提供：Hawaii State Archives）

し、警戒していたといわれます。
その一方で、カリスマ性あふれるウィルコックスが人民の心をつかんでいたことも確か。1903年に死去した際、葬列には数千人もの市民が付き添ったということです。

知っトク！ NOTE

❶王権の大部分を奪う新憲法が1887年に成立したことがきっかけでした。カラカウア王が武力の脅しで署名を強いられたことから、同憲法は俗に銃剣憲法と呼ばれます（→P.44）。

❷ 1889年、銃剣憲法に反対して反乱を起こしたものの陪審裁判で無罪に。王国崩壊から2年後の1895年には王政復古を目的に謀反に加わって逮捕され、後に恩赦を受けています。

❸アメリカ準州（領土）になったあと、ハワイは連邦議会に議員を送るようになりました。

Robert Wilcox Statue
ロバート・ウィルコックス像

フォートストリート＆キングストリートの交差地点の山側

王国時代の国会議事堂

アリイオラニ・ハレ

艶やかなカメハメハ大王像の輝きに隠れ、その背後にひっそりとたたずむ建物に注意を払う旅行者は少ないかもしれません。ですがこれこそはハワイ王国時代、**国会議事堂や裁判所として使われていた重要な建物**。王国時代にはカラカウア王やリリウオカラニ女王が日々、向かいに建つイオラニ・パレスから審議に通ったという歴史の舞台です。

建物は当初、カメハメハ5世の宮殿として設計されましたが（NOTE❶）、5世の要望で国の庁舎として建てられることに。宮殿用の設計図はそのまま、宮殿の向かいに建てられることになりました。

1872年の竣工式では5世自ら礎石を敷地に埋めこむセレモニーを行ったものの、5世は庁舎の完成を見ることなく死去。カラカウア王時代に完成した建物は、**5世のハワイアンネームのひとつを取ってアリイオラニ・ハレと命名**されました（NOTE❷）。

アリイオラニ・ハレはその後、議事堂や裁判所として使われた一方、法律図書館や政府機関、王立博物館などが集まる政庁舎として長年使われていました。今では建物の2階にハワイ州最高裁判所があるほか、1階には州の司法歴史センターがあります。

かつて王国の国会議事堂や裁判所として使われていたアリイオラニ・ハレ

先史時代からのハワイの法律制度の移り変わりを学べる司法歴史センターには王国時代の法廷を模した一角や、当時のダウンタウンを再現したミニチュア模型などがあり、自由に見て回ることが可能。カメハメハ大王像訪問の際には、こちらも合わせて見学したいものです。

知っトク！ NOTE

❶現在イオラニ・パレスが建つ場所に木造の宮殿がありましたが、老朽化。新たな宮殿の建設計画が持ち上がり設計図が完成したあとに、カメハメハ5世の希望で計画が変更されました。

❷アリイオラニとはハワイ語で「崇高な王族」、ハレは「家」の意。

Aliiolani Hale
アリイオラニ・ハレ

417 S. King St., Honolulu
8:00 ～ 16:00（土曜・日曜休館）
無料
キングストリート沿い。カメハメハ大王像の後ろ
URL www.jhchawaii.net

王族の冠婚葬祭の舞台

カワイアハオ教会

リリウオカラニ女王も通った教会

カワイアハオ教会はいくつものニックネームで知られますが、そのひとつが**「アリイの教会」**というもの。アリイはハワイ語で「王族」を意味します。かつて王族が通い、王族の結婚式や葬式、戴冠式も行われたことから命名されました。

創立は1820年とオアフ島最古。初期の建物は火災などで4度崩壊し、現在の礼拝堂が完成したのは1842年でした。時はカメハメハ3世の治世。完成後初めての礼拝には3世も列席し、5000人ものハワイアンが出席したということです。

その後も歴代の国王をはじめ王族が通い、王国8代目で最後の君主、**リリウオカラニ女王が、教会聖歌隊のオルガニストや指揮者を務めていた**時期も。礼拝堂の最後部には、立派なコアウッド製のロイヤルボックスが設けられています（NOTE❶）。

なお教会は「アリイの教会」のニックネームのほか、**「太平洋のウェストミンスター寺院」「海からせりあがった教会」**と呼ばれることもありました。前者は、その壮麗な様相から。後者は、礼拝堂

日曜礼拝はパイプオルガンの演奏や聖歌隊の美しい斉唱でも知られる

がサンゴのブロックで造られているためです。
建築素材がごく限られていたため、強固な建築素材のひとつとしてサンゴが多用されていた19世紀のハワイ。教会建設に使われた1万4000個ものサンゴブロックは、カカアコ沖（ワード地区）でハワイアンが手斧を使って切り出したものとか。教会手前には、そんなサンゴブロックのひとつが展示されています。

ルナリロ王の眠る霊廟もここに

見事な礼拝堂に加え、教会の庭にも見どころが点在しています。まず庭の大通り側には、教会の名の由来となった泉が。昔、王族女性のハオが、教会のすぐそばにあった泉でよく沐浴していたとか。泉はいつしか**「カワイアハオ（ハオの泉）」**と呼ばれるようになり、その名を取って教会がカワイアハオ教会と名づけられました。

　残念ながら今ではオリジナルの泉は失われ、庭の泉はかつての姿を再現したものではありますが、周りには以前泉を囲んでいた古い岩が残されています。くだんの岩には印が付けられていますので、探してみてください。

　さらに教会の門を入ってすぐ右側には、王国6代目の君主、**ルナリロ王が眠る霊廟**があります。王族の霊廟はヌウアヌ地区に別に設けられていますが（→P.60）、ルナリロ王は父とともにカワイアハオ教会に葬られることを望んだのでした（NOTE❷）。

　以上のように、見どころいっぱいのカワイアハオ教会。史跡が集中するダウンタウンのなかでも5本の指に入る、極めて重要なスポットといえるでしょう。

知っトク！ NOTE

❶建設時、ロイヤルボックス（貴賓席）と２階席の配置をめぐって悶着がありました。ハワイでは庶民が王族よりも高い位置に座るのはタブー。そのため「ロイヤルボックスの上に２階席を設けるなんて」と反対の声が上がったのです。ですがカメハメハ３世が許可したため、特別に２階席が設置されることとなりました。

❷ルナリロ王はカメハメハ一族と折り合いが悪かった模様。そのため王家の霊廟に入るのを嫌がった……という説があります。

1. 伝説の「ハオの泉」を再現した庭の泉。右後ろに見える黒い円形のベンチは、かつてワイキキのカイウラニ王女宅（→ P.92）に置かれていたもの　2. 美しいルナリロ王の霊廟　3. 教会建築の素材であるサンゴのブロックがひとつ、教会前に置かれている

Kawaiahao Church
カワイアハオ教会

957 Punchbowl St., Honolulu

礼拝時のみ。日曜礼拝 8:30 ～

キングストリートとパンチボウルストリートの角。カメハメハ大王像のワイキキ寄り

URL kawaiahaochurch.com

COLUMN

リンカーンに表彰されたハワイアン

ハワイにキリスト教宣教師が上陸したのは1820年。ハワイがサンドイッチ諸島（NOTE❶）と呼ばれた時代のことです。1830年代には、ハワイアンの子息にクリスチャン教育を施す神学校も各島に設立されています。

そんな状況下、**ハワイアンとして初の牧師となったのがジェームズ・ケケラ**。ジェームズはオアフ島ノースショアのモクレイアの首長一族の出身でしたが（NOTE❷）、その聡明さからマウイ島ラハイナのラハイナルナ神学校に選抜されて送られ、1849年、25歳で牧師に。4年後、妻とともにマルケサス諸島に赴任しています。

当時のマルケサスは白人の到来がほとんどない地で、ジェームズはそこで**島の首長に焼き殺される寸前だったアメリカ人船員を救出**。以前、スペインの捕鯨船の一団に息子を殺害された首長が、同じ白人であるアメリカ人船員を報復として殺害しようとするのを止めたのです。

ジェームズは、白人とはいえその船員は首長の息子を殺した一団とはまったく関係がないことを説き、首長の怒りを鎮めたとか。その事件が遠くアメリカ本土まで届き、ジェームズは**リンカーン大統領から懐中時計を贈られています**。

ジェームズはこうしてマルケサスで半世紀近くを過ごし、ハワイに戻ったのは１８９９年。その5年後、80歳で死去しました（NOTE❸）。前項で紹介したカワイアハオ教会墓地にはジェームズの墓があり、庭の一角にはまた、ジェームズの人生を記した記念碑が静かにたたずんでいます。

知っトク！NOTE

❶イギリスの航海家クックが1778年にハワイ諸島に到達した際、自分の支援者であるサンドイッチ伯爵の名を取りサンドイッチ諸島と名づけました。

❷ケケラは本来の名称、ケケラオカラニの短縮形。王族の名に多い最後部の「オカラニ」（～オカラニはハワイ語で「崇高な、高貴な」との意味）を省略し、ケケラと名乗るようになりました。

❸マルケサスとハワイの双方に、ジェームズの子孫が多数残っています。

19世紀の宣教師の館

ハワイアン・ミッション・ハウス史跡史料館

カワイアハオ教会の背後にある木造の建築群は、1821年〜1863年、ホノルルの**プロテスタント宣教師たちの活動拠点**として使われていた建物（NOTE❶）。今では博物館として19世紀の生活空間や作業場が復元され、当時の宣教師の質素で清廉な生活を、臨場感をもって見ることができます。

アメリカ・ニューイングランドからハワイ島コナにやって来たアメリカ人宣教師の一団にハワイでの布教を許したのは、カメハメハ2世（NOTE❷）。2世はハワイ島での拠点に加えオアフ島にも土地を与え、宣教師たちはハワイ到着の翌年、この地にオアフ島の伝道本部を設けました。

史料館は3棟で構成されており、「フレームハウス」は1821年建造の**ハワイ最古の木造建築**。宣教師団の長でカワイアハオ教会初代牧師だった**ハイラム・ビンガム**（NOTE❸）など、歴史に名を残す数々の宣教師の住居として使われてきました。宣教師や孤児たちの寝室や、カメハメハ大王妃でキリスト教を保護したカアフマヌが滞在した客室もここにあります。

また1831年建造の「チェンバーレインハウス」は、住居のほか貯蔵庫としても使われていた建物。カワイアハオ教会と同じく、サンゴブロックで造られています。「カ・ハレ・パイ」は

1841年に建てられたハワイ初の印刷所跡です。

なおこれらの建物はガイドツアーでのみ入場できますが、庭やギフトショップについては自由に見学が可能です。

1. 左は1821年の木造建築、フレームハウス。ニューイングランドで切り出された木材をハワイで組み立て完成した　2. ハワイ最古の印刷所跡。王族が印刷体験をする様子が描かれた碑もここに

知っトク！NOTE

❶「ミッションハウス博物館」という名称から、2012年現名称に変更されました。

❷カメハメハ大王の息子で跡継ぎ。在位1819年〜1824年。

❸宣教師ながら風紀改善を理由に、フラなどハワイの伝統文化を弾圧。また政治にも介入したことから、歴史上、賛否両論の人物。ジェームズ・ミッチェナーの小説『ハワイ』に登場するアブナー・ヘイル牧師のモデルとされています。

Hawaiian Mission Houses Historic Site and Archives
ハワイアン・ミッション・ハウス史跡史料館

- 553 S. King St., Honolulu
- 10:00 〜 15:00（日曜・月曜休館）。ツアーは 11:00 〜
- ガイドツアー $20 ほか
- カワイアハオ教会の裏手
- URL missionhouses.org

ハワイ王国激動の歴史の舞台

イオラニ・パレス

宮殿の栄華がよみがえった日

イオラニ・パレスは1882年、王国7代目の君主、**カラカウア王によって建てられたハワイ王国の王宮**。妹のリリウオカラニ女王（NOTE❶）の治世を含めて約11年間、王国の政治と社交の中心として世界の賓客を迎え入れてきました。

ところが王国が崩壊した1893年を境に、イオラニ・パレスは数奇な運命をたどることに。白人勢力によるクーデターでリリウオカラニが退位したあと（NOTE❷）、暫定政府が宮殿を占領。以来、ハワイ共和国時代、アメリカ準州時代、そしてハワイがアメリカの州となって以降も、政庁として使われることになったのです。

そのまま公務員の仕事場として70年以上使用されたあと、宮殿が往年の輝きを取り戻したのは1978年。近くにハワイ州政庁が新設されることになったのをきっかけに、**博物館として生まれ変わる**ことになりました。

王国崩壊後、オークションにより世界中に散っていた調度品が探され、宮殿内部をカラカウア時

ハワイ王国の忘れ形見、イオラニ・パレス（写真提供：The Friends of Iolani Palace）

代の様相に復元。大がかりな復興作業を経てハワイ王国の象徴だった宮殿がよみがえり、再び世界中からの旅人を迎え入れています。

涙を誘う「女王幽閉の間」

宮殿には王冠や王座が展示された「**王座の間**」や公式行事としての食事の場だった「**正餐の間**」、さらに国王&王妃の寝室など見どころがたくさん。王族たちが実際に闊歩した空間に身を置くことで、見学者はまるで19世紀の王国時代にタイムスリップしたかのような感慨を覚えることでしょう。

なかでも訪問者の心を揺さぶるのが「**女王幽閉の間**」。2階の角部屋にリリウオカラニ女王が幽閉されたのは、王国崩壊から2年後の1895年。女王復権を願うハワイアン一派の謀反計画が明らかになり（NOTE❸）、リリウオカラニが逮捕されたのです。

後にリリウオカラニは謀反計画に関わっていなかったことが判明したものの、「計画を知りながら当局への通報を怠った」との罪で有罪判決を受け、この部屋に**約8ヵ月、幽閉される**ことになりました。

幽閉の間の中央に飾られているキルトは幽閉中にリリウオカラニと侍女（NOTE❹）が作り始めたもので、宮殿見学のハイライト。かなり大きなキルトですが、注目したいのがリリウオカラニが手がけた中央部分です。

そこに刺繍されているのは美しい絵柄というより、王政復古派が暴動を起こした日、宮殿に幽閉された日といった意味深い日時やメッセージ。**幽閉中のリリウオカラニの思いを代弁するかのような内容**が、見る者の胸を打ちます。宮殿の宝ともいえるこの歴史的なキルト、ぜひじっくり見学してみてください。

知っトク！NOTE

❶ハワイ最後の女王。在位 1891 年〜1893 年。

❷宣教師や白人ビジネスマンの子息など、ハワイ王国の市民権を取得した移住者の子供たちがサトウキビ産業で成功し、王族をも凌ぐ財力＆影響力を獲得。王国に忠誠を誓う代わりにアメリカ併合を求め、クーデターにより王国を倒しました。

❸首謀者はリリウオカラニ女王の元警備隊長やロバート・ウィルコックス（→ P.26）など。

❹リリウオカラニの侍女、エベリン・ウィルソン夫人も一緒に幽閉されました。

1.1 階の「王座の間」。かつては各国代表との謁見や勲章授与式などの国事のほか、盛大な舞踏会なども開かれた
2.2 階の「女王幽閉の間」。リリウオカラニ女王が手がけたキルトの中央部分は、よく見ると薄いネットで保護されている（写真 **1** & **2** 提供：The Friends of Iolani Palace）

Iolani Palace
イオラニ・パレス

- 364 S. King St., Honolulu
- 9:00 ～ 16:00（日曜・月曜休館）。ガイドツアーは水曜・木曜・土曜
- $ レギュラーガイドツアー $32.95、オーディオツアー $26.95 ほか
- カメハメハ大王像向かい
- URL www.iolanipalace.org

悲劇の女王の似姿

リリウオカラニ女王像

リリウオカラニはハワイ王国8代目にして、最後の女王。1891年、兄であるカラカウア王の跡を継いで王座に就きましたが、2年後、白人勢力によるクーデターで退位を強いられたことから、ハワイでは「悲劇の女王」と呼ばれています。

その銅像が立つのはイオラニ・パレスの裏手。気高く生き生きとした表情に加え、女王の生涯を象徴する細部が見ものです。例を挙げると、銅像が首にかけているのはレイ・ニホパラオアという首飾り。クジラの歯と人毛で作られ、昔は王族だけが身に着けた王族の象徴ともいえる装飾品でした。

さらに注目したいのが、左手に持つ3つの文書です。それぞれが女王の生涯で重要な意味をもち、ひとつは女王作の名曲「アロハ・オエ」の楽譜（NOTE❶）。ふたつめはハワイの創世記としても知られる「クムリポ」（NOTE❷）の草稿。クムリポは王族の血統をたたえる2000行の叙事詩で、それをハワイ語から英訳したのがリリウオカラニでした。

そして3つめは、リリウオカラニが1893年に成立を目論んだ新憲法の草案。この新憲法が白人勢力の猛反発にあいハワイ王国崩壊の引き金となったという、いわくつきの草稿（NOTE❸）といえるでしょう。

1. ハワイの人々に愛され続ける最後の女王、リリウオカラニの像　**2**.2017 年に開かれたリリウオカラニの没後 100 周年式典の様子
3. 女王の生涯を象徴する 3 種の文書

リリウオカラニは1917年に78歳で死去していますが、今もその誕生日などには銅像前にハワイアンが集まり、祈りやフラをささげます。リリウオカラニは今なお人々の心に生き続け、ハワイ最後の女王として、深く敬愛される存在なのです。

知っトク！ NOTE

❶リリウオカラニは生涯 150 曲以上を作った音楽家でもあります。

❷クムリポは 1700 年頃、カラカウア王やリリウオカラニ女王の先祖にあたる首長の誕生時に編まれた叙事詩。長年、口承されてきましたがカラカウアの命で書き起こされ、後にリリウオカラニが英訳しました。

❸銃剣憲法（→ P.44）を是正する新憲法を画策した結果、クーデターが起きました。

Queen Liliuokalani Statue
リリウオカラニ女王像

イオラニ・パレス裏門前。イオラニ・パレスとハワイ州政庁の間

COLUMN

呪われた「銃剣憲法」

これまで何度か触れてきた「銃剣憲法」。何やら恐ろしい響きをもつこの言葉に、興味を抱いた方も多いのではないでしょうか。

銃剣憲法（1887年憲法のニックネーム）をひと言で説明すれば、**王国崩壊のきっかけを作った「呪われた憲法」**。1887年、政府と対立していた政党、改革党（旧宣教師党。NOTE❶）が武力の脅しによりカラカウア王に憲法草案への署名を強いたため、この名があります。

改革党は王国を転覆する計画を着々と進めており、リリウオカラニの自伝によれば当時、カラカウアの暗殺計画までもち上がっていたとか。実際、すでに暗殺係も決まっていたそうで、「もしその実行役が怖じ気づかなければ、カラカウアは暗殺されていただろう」とリリウオカラニは記しています（NOTE❷）。

結局、革命党は暗殺を実行する代わりに国王の権力をほぼ取り去る内容の憲法草案を書き、カラカウアを脅して署名させ、合法的な形で国を牛耳ることに。例をあげれば憲法改正は国王の承認を得ずにできるとしたり、軍隊の最高司令官を国王ではなく議会と定めたり。はたまた外国籍の男性にも選挙権を与えたりといった具合です。

いわば国王をお飾り的な立場に貶める屈辱的な憲法を覆そうと、リリウオカラニが１８９３年、新たな憲法草案を提案したところクーデターが発生したことは、前項で触れた通り。つまり**王国崩壊の遠因**にあるのが、この銃剣憲法だといえるでしょう。

知っトク! NOTE

❶キリスト教宣教師の子や孫を中心とした政党。宣教師の子孫の多くがサトウキビ産業に従事していた富裕層で、（アメリカ領土になればアメリカに輸出する砂糖に関税がかからなくなるため）アメリカ併合を求めていました。

❷当時のカラカウアは敵の監視下にあり夜の外出時は常に尾行されていた、とリリウオカラニ。カラカウア時代に首相を務めたギブソンは実際に武装集団に拉致され、島を追われています。

ハワイで殉教した聖者

ダミアン神父像

ダミアン神父は**ベルギー出身のカトリック神父**。1864年、布教のため24歳でハワイに来訪しましたが、ダミアン神父の功績は、宗教をはるかに超えたところにあります。遠くモロカイ島（**NOTE❶**）の**ハンセン病患者の隔離施設に移り住み、自分もハンセン病で亡くなった**尊いダミアン神父を、今もハワイの人々は愛してやみません。

ハンセン病が流行していた、19世紀のハワイ。今では治癒可能なハンセン病も当時は治療の手段がなく、しかも容貌がひどく侵されて死んでいく恐怖の病とされていました。ひとたび感染すると子供も王族もモロカイ島の施設に送られ、医者も看護婦もいない劣悪な環境で死ぬのを待つだけという、絶望的な暮らしをしていたのです。

その施設に自ら赴任し、患者と一緒に学校や教会を建て、簡単な診療所まで開いたダミアン神父。為政者にも見捨てられた患者たちが心安らかに、人としての尊厳とともに最期を迎えられるよう尽くしましたが、16年後、自らもハンセン病で亡くなっています。

そんなダミアン神父はハワイで深く敬愛され、ハワイがアメリカの州となって首都ワシントンD.C.に州ゆかりの偉人2名の銅像を送ることになった際（**NOTE❷**）、州議会が真っ先に選んだ偉

1

2

1. ハワイ州政庁前にあるダミアン神父像　2. 生涯をハンセン病患者の救済にささげたダミアン神父は「モロカイ島の聖者」とも呼ばれます（写真提供: Hawaii State Archives）

人がダミアン神父。次いで選ばれたのがカメハメハ大王でした。その後、ダミアン神父は２００９年にバチカンの聖人の列に加えられ、**「聖ダミアン」**に。今なお、ハワイの人々の変わらぬ尊敬と愛情を受け続けています。

知っトク! NOTE

❶マウイ島から約13キロ、オアフ島から40キロ。海と断崖絶壁に囲まれほかの地域からは遮断されたカラウパパ半島に、ハンセン病患者の隔離施設がありました。

❷首都ワシントンの国会議事堂の一部に国立銅像ホールがあり、アメリカ50州から送られた100体の銅像が展示されています（各州が2体ずつ納める制度）。ダミアン神父の銅像は2体作られ、1体は首都ワシントンに。1体がホノルルの州政庁前に置かれています。

Father Damien Statue
ダミアン神父像

ベレタニアストリート沿い。イオラニ・パレス裏手のハワイ州政庁正面

リリウオカラニ女王の終のすみか

ワシントン・プレイス

ワシントン・プレイス（NOTE❶）は1847年、アメリカ人貿易商、ジョン・ドミニス船長により建てられたギリシャ復古調の瀟洒な屋敷。完成時、9歳だったリリウオカラニ女王が学校の遠足（NOTE❷）で見学に来たといいますから、館の豪華さが際立っていたことがわかります。

運命とは奇なもの。その15年後、リリウオカラニはドミニス船長の息子と結婚し、ワシントン・プレイスにしばしば滞在するようになりました。さらに1893年に王国が倒れると、イオラニ・パレスから追いやられる形で館に移り住むことになったのです。

ワシントン・プレイスは宮殿から約100m山側にあり、宮殿の後ろ姿がよく見える場所に建っています。かつて自分が女王として君臨した宮殿を眺めつつ、庶民として暮らしたリリウオカラニの心情はどんなものだったのでしょうか。

想像するだに胸が痛みますが、リリウオカラニはこの屋敷での生活にやすらぎを見出していたよう。自伝のなかで「本当に宮殿のような住まいで、外観が魅惑的なのと同じく内部の調度も心地よい」と、ワシントン・プレイスを愛でています。**1917年、リリウオカラニが死去したのもこの屋敷**でした。

1. 生前のリリウオカラニとワシントン・プレイス（写真提供：Hawaii State Archives） **2**. 名曲「アロハ・オエ」の碑は柵の外からも見える **3**. 日本語ガイドがリクエストできることもある

その後、ワシントン・プレイスは甥のクヒオ王子の手を経て、ハワイ州の所有に。**州知事官邸**となっていましたが、今では博物館として週に1度、公開中。リリウオカラニが愛したピアノ、宝石などを、間近に見ることができます（NOTE❸）。

知っトク! NOTE

❶ドミニス船長の死後、夫人は館の数部屋を貸し出し。賃貸人だったアメリカ総督が1848年にここでジョージ・ワシントン大統領の誕生日を祝い、館をワシントン・プレイスと呼ぶことを提案しました。

❷宣教師夫妻が王族の子供たちのために開いた学校、ロイヤルスクール時代。

❸ 2002年、敷地内に新官邸が完成。州知事主催の催しで晩餐室とテラスが使用される以外は、毎週木曜に予約制で公開されています。

Washington Place
ワシントン・プレイス

- 🏠 320 S. Beretania St., Honolulu
- 🕙 木曜 10:00 ～（予約制ツアーでのみ入館可）。
- $ 無料
- 📍 ベレタニアストリート沿い、ハワイ州政庁の左斜め向かい
- URL washingtonplace.hawaii.gov

カメハメハ4世夫妻ゆかりの教会

聖アンドリュー大聖堂

ハワイでは**初の英国国教会**となったこの教会は、**カメハメハ4世**（**NOTE❶**）**夫妻**がじきじきにイギリスから招聘したもの。1860年、4世の所有していた土地に創設され、ハワイにおける英国国教会の歴史を刻み始めることになりました。

なかでも教会創設の原動力となったのが、4世の妃、エマ。エマはカメハメハ大王の参謀だったイギリス人、**ジョン・ヤングを祖父に持ち**（**NOTE❷**）、イギリス人医師夫妻の家庭で育てられたという女性。血筋だけではなく、すべての面でイギリス流に育てられたエマが、英国国教会をハワイに招いたといっても過言ではありません。

実際、4世は教会創設から3年後の1863年に亡くなっていますが、その後もエマの教会への情熱はとどまることはありませんでした。大聖堂建築の資金集めに東奔西走し、現在の立派な大聖堂が完成したのは1886年。もっともエマ自身は大聖堂の完成を見ることなく、残念ながらその前年に死去しています。

ちなみに大聖堂の完成前には、ここに小さな木造の聖堂が設けられていました。そこで司られた初の礼拝が**4世夫妻のひとり息子、アルバートの葬式**だったのも皮肉な話です（NOTE❸）。

1.4世夫妻の思いが込められた大聖堂　**2**.大聖堂入口のステンドグラス　**3**.伝統的な英国国教会の造りに加え、内部装飾にはハワイらしさも加味されている

なお同教会は壮麗なステンドグラスで知られており、そのなかには4世&エマ、アルバート王子、さらにハワイ共和国（↓P.38）初代大統領で教会信者だったサンフォード・ドールも組み込まれています。探してみましょう。

知っトク！NOTE

❶カメハメハ大王の孫。在位1855年～1863年。

❷イギリス人船員のジョン・ヤングは1790年に貿易船でハワイ島へ。そのままカメハメハ大王に留めおかれ、大王の参謀に。王族女性と結婚し1835年、93歳でホノルルで死去しました。

❸4歳で死去。その死因には諸説ありますが、癇癪を起こした王子をカメハメハ4世が水風呂につけたため高熱を出したともいわれています(リリウオカラニ女王の自伝より)。

The Cathedral of St. Andrew
聖アンドリュー大聖堂

229 Queen Emma Square, Honolulu
礼拝時のみ。日曜礼拝7:00、8:00、10:00ほか
ベレタニアストリート沿い。ワシントンプレイスの西隣
URL www.cathedralhawaii.org

聖者ふたりの遺骨を祀る

アワ・レディ・オブ・ピース大聖堂

ハワイのカトリック教会の総本山。1827年創設とカトリック教会としてはハワイ最古ですが、現在の大聖堂は1843年完成。カワイアハオ教会（→P.30）と同じく、カカアコ沖のサンゴを使って建造されています。

数あるダウンタウンの史跡のなかでも、同教会にぜひ足を運んでいただきたい大きな理由はふたつ。ひとつめの理由は、ハワイゆかりのふたりの聖人、**ダミアン神父とマリアン・コープ尼の遺骨が祀られているため**です。

ダミアン神父についてはすでに紹介したとおり（→P.46）。マリアン尼は、ダミアン神父の後継者（NOTE❶）でした。その功績により、2012年、やはりバチカンの聖人となっています（→P.110）。ふたりは同教会と関わりが深く、例えばハワイ到着後、ダミアン神父が叙階（聖職位のひとつへの任命）を受けたのもこの教会でした。そんなことから、教会の最後部にはダミアン神父の遺骨の一部（NOTE❷）と、マリアン尼の遺骨が祀られた聖域が設けられています。

以上のような歴史的重要性に加え、同教会ではドイツ製のステンドグラスや壮麗なパイプオルガン、絢爛たる祭壇をはじめ、見事な内装も一見の価値があります。これが教会の見学をすすめたい、

1. カワイアハオ教会と同様、サンゴのブロックで造られている　2. 荘厳な教会はカメハメハ３世から贈られた土地に建てられた　3. ダミアン神父&マリアン尼の遺骨を祀った祭壇

ふたつめの理由です。

なお同教会では日曜に加え平日にも礼拝があり、人々が祈りをささげています。私語を慎み、敬意をもってお参りしたいもの。19世紀以来の聖なる空気を感じてみてください。

知っトク! NOTE

❶ 1889年、ダミアン神父の最期をモロカイ島で看取ったのもマリアン・コープ尼でした。

❷ ダミアン神父はモロカイ島の墓に埋葬されていましたが、ベルギー政府の要望により、今では母国に戻されています。その後、モロカイ島の当初の墓所に右手の骨が戻され、アワ・レディ・オブ・ピース大聖堂にはかかとの骨が収められました。聖人の遺骨を教会に祀るのは、ローマ時代、カタコンベでの礼拝から始まったカトリック教の習慣です。

Our Lady of Peace Cathedral
アワ・レディ・オブ・ピース大聖堂

- 1184 Bishop St., Honolulu
- 礼拝時のみ（日曜 6:00 ～ 18:00 に計 5 回、週日 6:30、12:00 ほか）
- ベレタニアストリートとフォートストリート角からやや海側
- URL honolulucathedral.org

COLUMN

王国の紋章に描かれた双子の王族

王国時代の史跡が点在するダウンタウンを歩くと、イオラニ・パレスの門など、あちこちでハワイ王国の紋章を目にします（NOTE❶）。

紋章はカメハメハ3世時代の1845年、**3世の秘書役、ティモシー・ハアリリオがデザイン**したもの。ハアリリオ自身も王族の一員だっただけあり、紋章には王族だけが身に着けた羽毛のマントや王冠など王族の象徴がちりばめられ、威厳に満ちた仕上がりになっています。

なかでも目を引くのが、紋章の両脇に立つふたりの王族男性でしょう。ふたりのモデルは**カメハメハ大王の叔父で参謀だった、世にも名高い双子の王族**。向かって右がカメエイアモク（NOTE❷）、左がカマナワです。

ふたりはカメハメハ大王と同様、ハワイ島コハラの王族でしたがカメハメハ大王のハワイ諸島統一に大きく貢献し、後世、「ロイヤルツイン（双子の王族）」と呼ばれるようになりました。

ちなみにハワイ王国の紋章と現在のハワイ州紋章（NOTE❸）はよく似ていますが、それもそのはず。王国が倒れてハワイ共和国が成立した後、王国の紋章に若干のアレンジが加えられて共和国の紋章が作られました。後にハワイがアメリカに併合され準州となった際も共和国の紋章がほぼそのまま踏襲され、ハワイ州の紋章へと引き継がれたからです。

とはいえ、共和国以降の紋章では双子の王族がカメハメハ大王と自由の女神に置き換えられているなど、さまざまな「改変」が。王国紋章とは似て非なるものになっています。

知っトク！NOTE

❶イオラニ・パレスの四方の門やカワイアハオ教会のルナリロ王の霊廟の門にも、王国の紋章が飾られています。

❷カメエイアモクはカラカウア王、リリウオカラニ女王の４代前の先祖。「公開処刑された王族」（→ P.24）に登場するカマナワ２世はカメエイアモクの孫。

❸イオラニ・パレス裏手にあるハワイ州政庁の前面と背面には、巨大な金属製のハワイ州紋章がつり下げられています。

歴史と神話に彩られた庭園

リリウオカラニ植物園

ダウンタウン中心部から車で約5分。ヌウアヌ地区にあるリリウオカラニ植物園は、以前、**リリウオカラニ女王が所有**していた土地にホノルル市が造った植物園です（NOTE❶）。1884年、カメハメハ3世の王妃カラマからリリウオカラニが買い取り、死去する5年前にホノルル市に寄贈。今では植物園として、無料で市民に開放されています。

敷地内には背後のコオラウ山脈から続くヌウアヌ川が流れ、静かな水音を立てて流れ落ちる**ワイカハルル滝**も。滝つぼは古来、王族お気に入りの水浴び場で、滝つぼの横には**リリウオカラニの別荘**がありました。

滝の周辺は、**女神パパとその夫ワケアの神話**（NOTE❷）の舞台でもあります。パパは大地の女神、ワケアは空の神。物語によればふたりが人間の姿でオアフ島に住んでいた昔、土地の首長の手下に追いかけられ、ワイカハルルの滝まで逃げてきたとか。

絶体絶命の危機に陥ったふたりですが、それを救ったのが滝の上のパンノキでした。幹がぽっかり口を開け、ふたりが飛び込むと再び閉じてかくまったのです。追っ手はパンノキを倒そうとしたものの、木に斧を振りおろすたび木片が飛び散り、次々に死んでしまいました。ふたりはその間に、幹の裏側からまんまと逃げ出したのでした。

今ではくだんのパンノキもリリウオカラニの別荘も撤去されていますが、植物園にはヌウアヌ渓谷の自然がほぼ手つかずで残され、今なお神話時代の静寂が漂っています。

1. 植物を見て回るというより自然の景観を楽しむ植物園。ひと気が少ないのでグループで訪問しよう　2. かつてリリウオカラニ女王はじめ王族のお気に入りだったワイカハルルの滝

知っトク! NOTE

❶リリウオカラニ植物園から高速道路を挟んだ海側には、やはりホノルル市営のフォスター植物園があります。同じくカラマ王妃が所有していた土地を、王族のひとりでリリウオカラニの親しい友人だったメリー・フォスターが買い取り、後にホノルル市に寄贈されて熱帯植物の植物園となりました。

❷パパとワケアはこの世の創造主として知られ、ハワイ諸島の多くはパパとワケアの結びつきから生まれたとされています。

Liliuokalani Botanical Garden
リリウオカラニ植物園

- 123 N. Kuakini St., Honolulu
- 7:00 ～ 17:00
- $ 無料
- クアキニ病院の並び。ヌウアヌアベニューの方向に歩く
- URL www.honolulu.gov/parks/hbg/honolulu-botanical-gardens/182-site-dpr-cat/6411-new-liliuokalani-botanical-garden.html

癒やしの伝統を今に伝える

クナヴァイの泉

ケアオメレメレとは、**金色の雲の権化である美しい女神**。その壮大な神話はヌウアヌ渓谷各地を舞台に紡がれ（NOTE❶）、クナヴァイの泉も舞台のひとつ。物語中、ケアオメレメレの兄のための聖なる沐浴場として登場しています。

クナヴァイの泉は、古くから**癒やしの霊力が宿る神聖な泉**と語り継がれてきました。泉の底に沈殿した粘土状の泥には、肌荒れや抜け毛に効く癒やしのパワーがこもると信じられてきたのです。さらに**大トカゲの姿の半神モオ**（NOTE❷）が、泉を守っているとの言い伝えも。ちなみにクナヴァイとは、泉を守るモオの名とか。

昔は周辺に癒やしの泉が6つありましたが、町の開発とともに埋め立てられ、今ではクナヴァイの泉が最後のひとつになりました。その後、泉の底がコンクリートで覆われてしまったのは残念ですが、泉には今もこんこんと清水が湧き出し、聖なる泉の趣きは昔のまま。

一方、神話時代には泉に近づくのを禁じられていた鳥たちが常に集い、今では恰好の水浴び場になっています。泉を守っていた大トカゲのクナヴァイは、どこかほかの水辺に移ってしまったのかもしれません。

1. 数々の物語が伝わるクナヴァイの泉。住宅地の一角に位置する公園にある　2. 公園に面した通りの名は癒やしの泉にちなんでつけられた

泉の周辺は今、クナヴァイスプリングス・アーバンパークと名づけられ公園として整備されているほか、公園へと続く通りの名はクナヴァイレーンと命名されています。公園や道に泉の名が残る事実に、泉の存在感の大きさが象徴されているといえるでしょう。

知っトク！NOTE

❶神話中、ケアオメレメレが天界から降りて来たのがヌウアヌ渓谷のワオラニ。ケアオメレメレの世話をしていた四大神のカネとカナロアがその住居としてワオラニを選び、ハワイで初めて神殿を建てたとされています。現在ワオラニには会員制のゴルフコース、オアフ・カントリークラブがあります。

❷モオは泉や滝つぼ、川、海辺に住むという水の精。ハワイ各地にモオの神話が残ります。邪悪なモオ、崇高な神のようなモオなどがいます。

Kunawai Springs
クナヴァイの泉

645 Kunawai Lane, Honolulu

リリハストリートとクナヴァイレーン角から、西側に徒歩３分

50人以上の王族が眠る

王家の霊廟

国王や王妃、王女の埋葬地

王家の霊廟は、ハワイ文化に関心をもつ人がオアフ島で訪れるべき史跡の筆頭。カメハメハ2世～5世、カラカウア王やリリウオカラニ女王といった**6人の君主（NOTE❶）を含む王族50人以上が眠る**、ハワイの人々にとって大変重要な聖域です。

王族の埋葬所としては、以前、イオラニ・パレスの庭に小さな霊廟がありました。ところがカメハメハ4世&エマ王妃の愛息、アルバート王子がわずか4歳で亡くなった1862年には、旧霊廟がすでに満杯。そのため、この地に新霊廟が造られることになりました。

新霊廟が完成したのは1865年10月。イオラニ・パレスの庭から葬列が組まれ、18人の王族の亡骸が新霊廟に移された時、厳粛なる葬列を率いたのはカメハメハ5世でした。新霊廟創設を決めたカメハメハ4世は、その2年前に亡くなっていたからです。

愛する王子と夫がともに葬られたあと、エマ王妃は霊廟の敷地で1ヵ月野営しながら喪に服したという悲しい逸話が、今も語り継がれています。

50 人以上の王族たちがひっそりと眠る王家の霊廟。知る人ぞ知るヌウアヌ渓谷の聖地だ

聖域には5つの地下墓所が点在

新霊廟では当初、今の礼拝堂が霊廟として使われていましたが、そのスペースがいっぱいになったため、今度は一族ごとに独立した地下墓所が設けられることになりました。

そうして造られたのが、**カメハメハ一族の墓所**、**カラカウア一族の墓所**、カメハメハ大王のイギリス人参謀でエマ王妃の祖父にあたる**ジョン・ヤングの墓所**、そしてカメハメハ3世〜5世の下で外務大臣を務めたスコットランド出身の**ロバート・ワイリーの墓所**（NOTE❷）。そこに2023年、カラカウア王の妃、カピオラニの血筋にあたる**アビゲイル・カワナナコアの墓所**が加わり、今では5つの地下墓所があります（NOTE❸）。

ただし地下への入口が今も開かれているのは、

カラカウア一族の墓所だけ。ほかの地下墓所への階段は、永遠に閉ざされています。

王家の霊廟では今もさまざまな儀式が催されており、おもだった王族の誕生日式典もそのひとつ。リリウオカラニ女王の誕生日である9月2日をはじめカイウラニ王女（10月16日）、カラカウア王（11月16日）、カピオラニ王妃（12月31日）などがその例です。

そういった式典には古式ゆかしい装いのフラダンサーらが、王族をたたえるフラや詠唱を奉納。荘厳な雰囲気のなか、いにしえの王族の御霊を慰める儀式が執り行われ、多数の一般市民がレイを手に参拝します。

最後に余談になりますが、アメリカには州旗は必ず国旗とともに掲げるという規則があります。ですがこの王家の霊廟とイオラニ・パレスだけは例外。州旗を単独で掲げることが許されています。王家の霊廟は、それほどまでに特別な場所なのです。

知っトク！NOTE

❶カメハメハ大王の遺骨は今も行方知れず（→ P.64）。6代目のルナリロ王はカワイアハオ教会（→ P.30）に眠っています。

❷カウアイ島ハナレイの「プリンスヴィル」という地名はワイリーの命名。ワイリーが所有する同地をエマ王妃とアルバート王子が訪れたのを記念し、命名されました。

❸カピオラニ王妃の末妹の末裔。2022 年に 96 歳で死去。正式な肩書はもちませんでしたが、ハワイ最後の王族と目されていました。

1. 大きなカマニの木が正門を覆っているため、ここに霊廟があることを知らない人も多い。木はエマ王妃が植えたもの　2. 門にはハワイ王国の紋章が　3. カメハメハ一族の墓碑。その地下に広がる墓所への入口は閉ざされている

Royal Mausoleum
王家の霊廟

- 2261 Nuuanu Ave., Honolulu
- 8:00 ～ 16:30（土曜・日曜は休園）
- $ 無料
- ダウンタウンから車で約 10 分。ヌウアヌアベニューを山側に進んだ右側
- URL dlnr.hawaii.gov/dsp/parks/oahu/royal-mausoleum-state-monument

COLUMN

カメハメハ大王の遺骨の行方

前項に登場した王家の霊廟には、歴代8人のハワイ王国君主のうち、初代のカメハメハ大王と6代目のルナリロ王だけが埋葬されていません。ルナリロ王はカワイアハオ教会（→P.30）に眠っていますが（NOTE❶）、ではカメハメハについてはどうでしょうか？　実は**カメハメハの遺骨の行方はいまだ知れず、ハワイ史上、最大の謎**となっています。

古来、**遺骨には死者のマナ（霊力、霊気）がこもる**とされていたハワイ。**遺骨を粗末に扱うことは死者への最大の冒瀆**だったため(NOTE❷)、人々は遺骨を守るために手を尽くすのが常でした。そのため西洋式の弔いが一般化したカメハメハ2世以前の時代は、王族の遺骨は山奥の洞窟などひとめにつかない場所に隠されたのです。そんなことからカメハメハの遺骨も1819年に亡くなって以後、まだ見つかっていないのでした。

この時、生前のカメハメハに依頼されその遺骨を隠したのが（NOTE❸）、**ハワイ王国の紋章にも登場するカメエイアモク（→P.54）の息子、ホアピリ&ホオルル兄弟**でした。実は王家の霊廟の管理を代々担当しているのは、ホオルルの子孫にあたる一族。一族はイオラニ・パレスの庭に旧霊廟があった時代も含めて200年以上、「王家の墓守」を務めてきたことになります。

カメハメハの遺骨発見は考古学者の夢であり、いつの日か「カメハメハの遺骨発見！」という大ニュースが流れる日がくるのかもしれません。ですが、その秘密がホオルルの一族の口から語られることだけはない。それだけは断言できるでしょう。

知っトク！NOTE

❶その理由について、ルナリロ王はカメハメハ一族と折り合いが悪く同じ霊廟に埋葬されるのを嫌がった、など諸説があります。

❷死者を冒瀆するため、遺骨を掘りおこしてネズミ狩りの矢じりや釣り針に加工するということが実際に行われていました。

❸以前は別の一族が遺骨の管理をしていましたが、副葬品を狙った白人たちに墓の場所を漏らしていたため、ホアピリ＆ホオルルが新たに任命されました。

幼い王子の思い出が詰まる

エマ王妃博物館

ハワイ王国時代、涼しい風が吹き抜けるヌウアヌ渓谷は、王族に人気の避暑地でした。カメハメハ4世妃のエマ（↓P.50）が叔父から引き継いだヌウアヌの館（NOTE❶）も、**4世夫妻のお気に入りの別荘**だったよう。ダウンタウンの熱気や喧騒を避け、夫妻がくつろぎの時間を過ごしたのがこの館です。

エマといえばイギリス人を祖父に持ち、イギリス流の生活を愛した女性。今では博物館として公開されている2階建ての別荘には、ハワイ原産のコアの木（NOTE❷）で作られた直径2mの円型テーブル、結婚祝いにイギリスのビクトリア女王から贈られたサイドボードなど、エマのエレガンスを感じさせる19世紀の調度品があふれています。

そういった逸品に交じって目を引くのが、4歳で亡くなった**夫妻のひとり息子、アルバート王子の思い出の品々**。小さな揺りかごやベビーベッド、中国皇帝から贈られた陶器製ベビーバス、ビクトリア女王が洗礼式用に贈った銀製カップなどが見る者の涙を誘います。アルバート王子と夫を相次いで亡くした悲劇の女性、エマ（NOTE❸）。この館にはエマの喜びと悲しみに彩られた人生を象徴する品々が、時を超えてひっそりと眠っているのでした。

1. ハワイ語で「ハナイ・アカマラマ」と呼ばれる。日によっては日本語ツアーもリクエストできる（要事前予約） 2. カメハメハ４世夫妻の愛児、アルバート 3. 美しいエマ王妃（写真2 & 3 提供：Hawaii State Archives）

なお館はエマの死後、政府の所有となり、1915年には一度、取り壊しが決定。跡地に野球場が造られるところでしたが、ハワイの史跡保護を目的とする市民団体が介入し、反対運動が実って保存されたのは幸いでした。

知っトク！ NOTE

❶館を構成する木材はマサチューセッツ州ボストンで切り出され、ハワイへ。この地で1847年に組み立てられました。ダウンタウンのワシントン・プレイス（→ P.48）と同じく、ギリシャ復興様式で建てられています。

❷アカシアの仲間。木目が美しく硬い材質で知られます。

❸アルバート王子が４歳で死去してから15ヵ月後の1863年11月、カメハメハ４世が亡くなっています。

Queen Emma's Summer Palace
エマ王妃博物館

2913 Pali Hwy., Honolulu
10:00 ～ 15:30（日曜・月曜・水曜休館）。ガイドツアー（予約制）は土曜のみ
$ ガイドツアー $20、セルフツアー $14 ほか
パリハイウエイ沿い。王家の霊廟から車で約５分
URL daughtersofhawaii.org/queen-emma-summer-palace

オアフ軍陥落の地

ヌウアヌ・パリ展望台

カイルア方面が一望できる絶景スポット、または強風の名所として有名なヌウアヌ・パリ展望台は、重要な歴史の舞台でもあります。ハワイ島の**カメハメハ大王の軍勢がオアフ島軍を制圧した決戦の地**が、まさにこの場所だったからです。

時は1795年。カメハメハ大王率いるカヌーの大軍団（NOTE❶）がワイキキ沿岸に到着し、1万4000人の戦士がオアフ島に上陸しました。

オアフ軍はヌウアヌ渓谷でカメハメハ軍を待ち受けましたが、人数ではるかに勝っていたのはカメハメハ軍。オアフ軍を渓谷の奥へとどんどん追い詰め、今は展望台として整備されている崖付近まで追いやったのです。最後には高さ約360mの崖からオアフ軍戦士の多くが落ちて死に、オアフ島が陥落したのでした（NOTE❷）。

この時、崖から落ちて死んだ戦士の数については400人から3000人まで諸説が囁かれていますが、1897年に崖の下方をカイルア方面へと延びるパリハイウエイが建設された際には（NOTE❸）、800体もの白骨が見つかったとか。

さらに、今でも展望台の下方でハイカーの捜索などが行われると、古い白骨が発見されることが。

1. 展望台のある高さ約 360m の崖からオアフ戦士の多くが落ちて死に、オアフ島が陥落した
2. 展望台の案内板には歴史画家のハーブ・カネ氏が決戦の様子を描いた作品も

正確な数までは不明ですが、ここで**１０００人規模の戦士が命を落とした**ことだけは確かでしょう。

一帯は風光明媚な観光地として人気を集めていますが、実はディープな歴史が眠る第一級の史跡というわけです。

知っトク！ NOTE

❶カメハメハ軍の 1200 隻のカヌーはワイキキからカハラ近くの浜辺にかけて上陸し、ヌウアヌ渓谷に向け進軍。パンチボウルの裾野に始まりヌウアヌ各地でオアフ軍と衝突し、王家の霊廟周辺も戦場でした。

❷オアフ島は 1783 年にマウイの大首長カヘキリによって征服され、カヘキリの息子カラニクプレが治めていました。

❸パリハイウエイが完成する前、人々は崖沿いの危険な山道を通って山越えしていました。

Nuuanu Pali Lookout
ヌウアヌ・パリ展望台

- 6:00 ～ 18:00
- $ 無料。ただし駐車場代として 1 台 $7
- パリハイウエイ沿い。エマ王妃博物館から車で約 5 分
- URL dlnr.hawaii.gov/dsp/parks/oahu/nuuanu-pali-state-wayside

オアフ軍が命運をかけて掘った窪み

ヌウアヌの大砲台跡

パリハイウエイをカイルア方面に向けて走行中、ヌウアヌ・パリ展望台が近づくと、右側前方の山の尾根にふたつの大きな窪みが見えてきます。窪みは直線的な角度を持ち、明らかに人工的なもの。これはなんと、カメハメハ大王のオアフ侵攻の際、ハワイ島軍を迎え撃つ**大砲を設置するためオアフ島の首長カラニクプレ（NOTE❶）が掘らせた窪み**なのです。

強風吹きすさぶ山頂に、深さ3m以上、幅9mもの窪みを掘るとは、オアフ軍も大したもの。その戦術が功を奏し、山頂から降ってくる砲弾にさらされてカメハメハ軍は大苦戦したそうです。それでも、カメハメハ軍が撤退することはありませんでした。その尾根に戦士を送り、砲手を急襲。大砲を乗っとったのです。カメハメハの戦士はこの時、ヌウアヌ渓谷の隣のマノア渓谷に向かい、そこから尾根伝いに大砲を目指したとか（NOTE❷）。

ヌウアヌ渓谷からマノア渓谷までは、車でも15分はかかります。マノアまで急行して道なき山を登り、尾根伝いにやってくるとは、山頂の砲手たちも島の首長も想像もしなかったに違いありません。こうして山頂の大砲台が乗っとられたあとは、オアフ軍に勝ち目はありませんでした。

カメハメハがいかに勇猛で優れた戦略家だったかを思い起こさせるこの山頂の窪みは、カイルア方面からホノルルに向かう際にも見えてきます。パリハイウエイをドライブする際、見つけてみてください。

1. ヌウアヌ・パリ展望台に入る坂道付近から見たところ　2. 下から見あげるとサイズが実感できないが、幅 9m もの大きな窪みだ

知っトク! NOTE

❶マウイ島の大首長カヘキリの息子で跡継ぎ。1793 年、マウイ島ワイルクでのカメハメハ大王との戦いに敗れ島を失った後、司令塔をマウイ島傘下のオアフ島に移していました。オアフ島が陥落した後は山中に逃亡し、数ヵ月後につかまって処刑されています。

❷カメハメハ戦士の道案内をしたのはマノア渓谷在住のハワイアン。12 年前に島を征服したマウイ軍に、オアフ島民が忠誠を誓うことはなかったようです。

Notches at the Pali
ヌウアヌ・パリの大砲台跡

パリハイウエイ沿い。ヌウアヌ側、カイルア側の双方から見える

コオラウ山脈の最高峰

コナファヌイ山

オアフ軍が大砲を置くための窪み（↓P.70）を掘った山の名は、コナファヌイ山。**コオラウ山脈（NOTE❶）最高峰**であるだけでなく、多くの神話に彩られた神秘の山でもあります。

まずコナファヌイ山は、**黄金の雲の女神ケアオメレメレの神話**にも登場しています。フラの師でもあるケアオメレメレ（NOTE❷）が、ワオラニ（↓P.59）で姉たちとフラを踊った時のこと。あまりに長く激しく踊り続けたので、5日目に島がぐらぐらと揺れ始めました。10日後には山脈に亀裂が走り、コナファヌイ山とワオラニの山の間が切り裂けてできあがったのが、ヌウアヌ渓谷だそうです。

また山頂には、**大トカゲの半神モオの神話**も。モオ一族の血を引く体毛のない犬とモオが、仲良く暮らしているとの話が伝わっています。

もうひとつ、山の名の由来としてユニークな**巨人伝説**が。昔、逃げる女性を目がけて、巨人が自分の睾丸を力いっぱい投げつけました。それが着地してできあがったのが、この山なのだとか。コナファヌイとは、ハワイ語で「大きな睾丸」を意味しています。

このようにヌウアヌ渓谷を舞台にした神話に深く関わるコナファヌイ山ではありますが、ヌウア

ロイヤルハワイアンゴルフクラブ（カイルア側）から見たコナフアヌイ山。標高はおよそ945m

ヌ側からは近過ぎてなかなかその全体像が望めません。大砲を置くために掘られたふたつの窪みを目印に、探してみましょう（NOTE❸）。一方、カイルア側からは随所で山頂まで見ることができます。

知っトク！ NOTE

❶オアフ島にふたつある山脈のひとつ。東海岸に沿って約60㎞続き、島の半分の地域から見ることができます。ダイヤモンドヘッドやパンチボウルの山などもコオラウ山脈の一部。もうひとつが西海岸のワイアナエ沿岸に伸びるワイアナエ山脈。

❷ケアオメレメレはフラの女神のひとりであるカポからフラを学び、フラを習得。オアフ島にフラを広めました。

❸窪みは山頂ではなく中腹の尾根に掘られています。

Mt. Konahuanui
コナフアヌイ山

パリハイウエイをカイルア方面に進むと右側前方に見えてくる

Chapter

2

Honolulu

Waikiki

ホノルル

ワイキキ

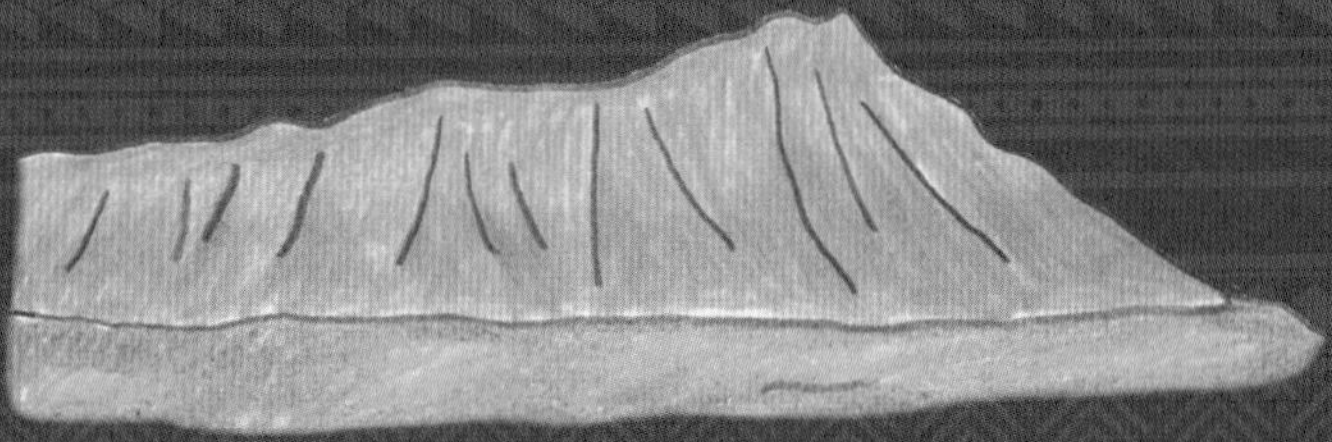

ワイキキは昔、人の住まない湿地帯だったと考える人がいますが、それは誤解というもの。湿地帯があちこちにあった一方で、古来、人々はこの地で豊かな暮らしを営んできました。一番古い遺跡としては 11 世紀の住居跡が、ハレクラニホテル敷地内から見つかっています。

さらに 15 世紀以降は、ワイキキに島の首長一族の居住区が置かれていました。18 世紀末にはカメハメハ大王も一時、住んでいたほか、19 世紀の王国時代には多くの王族が別荘を設けていたワイキキ。実は歴史と伝統に彩られた、古い土地というわけです。

こうした風光明媚で歴史ある土地には、神話や伝説がつきもの。ワイキキにも、神話・伝説の舞台が点在しています。歴史や神話の舞台を巡りながら、昔のワイキキの姿を空想してみるのも、ひと味違ったワイキキの楽しみ方かもしれません。

日系移民からの贈り物

カラカウア王像

ハワイに銅像は多いですが、ワイキキ西端のワイキキ・ゲートウェイ公園に立つカラカウア王像は、日系移民の団体によって立てられたという点でユニークです。

日本からの官約移民100周年（NOTE❶）だった1985年に銅像の建立が決まり、6年後に完成。この官約移民のきっかけを作ったのがカラカウア王だったことから、記念に銅像が立てられました。

1881年、世界一周旅行（NOTE❷）の途中で日本に立ち寄ったカラカウアは、明治天皇に日本からの移民を要請。当時、ハワイ王国の主要産業だったサトウキビ畑での労働力不足が深刻化していたためです。

明治天皇はその要請に応え、官約移民の第一弾がハワイにやって来たのが1885年。「官約移民」「自由移民」など時代ごとに名を変えながらハワイへの移民は続き、1924年に全米で東洋からの移民が禁止されるまで、実に22万人もの日本人がハワイに移り住む結果となりました（NOTE❸）。カラカウアが今、「ハワイ日系移民の父」と仰がれるゆえんです。

銅像の台座には日本語と英語で建立の経緯が記され、そこには「この銅像は日系人の先祖をハワ

1.「ハワイ日系移民の父」カラカウア王の像。手にしているのは明治天皇と交わした契約書
2. 君主として世界一周をなし遂げたのはカラカウア王が史上初めてだった（写真提供：Hawaii State Archives）

イに移民として招待したことへの感謝とアロハのシンボルである」との感動的な一文も。
ハワイと日本の架け橋となった日系移民の、カラカウアへの感謝の印がこの銅像なのです。

知っトク! NOTE

❶「官約移民」とは日本とハワイ王国間の契約に基づく移民のこと。明治元年にあたる1868年にも日本から移民がありましたが、それは政府の関与しない非公式な移民団。その時ハワイに渡った150人は「元年者」と呼ばれています。

❷カラカウア王は約９ヵ月にわたってアジア、中東、ヨーロッパを回りました。

❸今では州民の約23%が日本の血を引き、州の政財界の要職を務める日系人も多数います。

King Kalakaua Statue
カラカウア王像

2050 Kalakaua Ave., Honolulu
カラカウアアベニューとクヒオアベニューの交差する地点

怪鳥の神話が残る海辺の地

ヘルモア

ワイキキに王家のヤシ園ができたいきさつ

現在、ロイヤルハワイアンホテルやシェラトン・ワイキキ、ロイヤル・ハワイアン・センターが建つ一帯は昔、ヘルモアと呼ばれる首長一族の居住地でした。かつて王家のヤシ園が広がり、島の首長や、オアフ島征服後のカメハメハ大王が暮らしていたのもこの地域です。

ヘルモアゆかりの首長のなかでも特に名高いのが、カクヒヘヴァ。カクヒヘヴァは16世紀の大首長（NOTE❶）。ヘルモアという地名についても、カクヒヘヴァにまつわる次のような神話が知られています。

昔、この地でカクヒヘヴァが昼寝していた時のこと。パロロ渓谷（NOTE❷）のカアウクレーターにすむ怪鳥カアウヘルモアが、足元に降り立ちました。怪鳥はカクヒヘヴァに挑むような動作をして地面を激しく引っかくと、飛び去っていったとか。

その怪鳥の不可解な行為を、吉兆ととらえたカクヒヘヴァ。怪鳥が引っかいた場所にヤシを植えると立派に成長し、やがてその1本のヤシがどんどん繁殖。一時は1万本ものヤシの木がそびえ、

ロイヤルハワイアンホテルは 1927 年創業だが、その土地にはホテル創業をはるかにさかのぼる長い歴史が息づいている

一帯は王家のヤシ園として知られるようになりました。

そのカクヒヘヴァと怪鳥の故事にちなんで、この地はヘルモアと呼ばれるようになったとか。ヘルモアとは、ハワイ語で「鳥が引っかく」を意味しています。

ちなみにロイヤルハワイアンホテルが開業した1927年には、周辺にまだ1000本を超えるヤシの木が残っていました。現在、同ホテル周辺に残るヤシの木は、その子孫たち（NOTE❸）。ヘルモアゆかりのヤシということになります。

ロイヤルと冠する深いわけとは？

ヘルモアはまた、カメハメハ一族との関係が深い土地でもあります。まずカメハメハ大王率いるハワイ島軍が1795年にオアフ島に攻め入った際、1万4000人の戦士が上陸したのがヘルモアを含むワイキキ沿岸。オアフ島を征服した後、カメハメハ大王と妻たちはしばらくヘルモアで暮らしています。

そのあとも一帯の土地はカメハメハ一族が所有し、大王の孫にあたる**カメハメハ5世**もヘルモアに別荘を所有していました。カメハメハ大王のひ孫の**バーニース・パウアヒ王女**が1884年に亡くなったのも、ヘルモアにあった別荘でした。

王国が倒れたあとも王族ゆかりの土地としての伝統は引き継がれ、現在この地を所有するのは、パウアヒ王女の遺産を管理するカメハメハスクール財団（NOTE❹）。一帯に建つロイヤルハワイアンホテルやロイヤル・ハワイアン・センターも、だてにロイヤル……と冠しているわけではないのでした。

知っトク！NOTE

❶オアフ島を代表する大首長。カクヒヘヴァの手腕のもと島が繁栄したとされ、オアフ島は「カクヒヘヴァのオアフ島」と形容されることがあります。

❷ワイキキ郊外にあるカイムキ地区の山側。

❸ヤシの木の寿命は約60年～100年。

❹ロイヤル・ハワイアン・センターの中庭にパウアヒ王女の銅像が立つのはそのため。

1.1860年代のヘルモア（写真提供：Hawaii State Archives）。コテージはカメハメハ5世の別荘　**2**. ロイヤル・ハワイアン・センター中庭には一帯の土地の最後の所有者、パウアヒ王女の像が　**3**. 実はカメハメハ一族とゆかりの深いロイヤル・ハワイアン・センター

Helumoa
ヘルモア

ロイヤル・ハワイアン・センター、ロイヤルハワイアンホテル、シェラトン・ワイキキのある一帯

人々が祈りをささげた癒やしの海
カヴェヘヴェへ

ワイキキのハレクラニホテル前には、かつてハワイアンが「癒やしの海」としてあがめた聖なる海が広がっています。

伝承によれば、この海には癒やしのパワーを秘めた不思議なマナ（霊力）がみなぎっているとか。カヴェヘヴェへという地名も、ハワイ語で「（病気の）除去」を意味しています。

先祖や神を怒らせた結果、病気になると信じられていた昔のハワイ。そのためカヴェヘヴェへに集まった病人は、癒やしを司るカフナ（神官）とともに海で神に祈ることから、癒やしのプロセスを始めました（NOTE❶）。

まずはリム・カラ（ハワイ語でカラは「許し」との意味）という海藻のレイを首にかけて海に入り、過去の罪を懺悔。病気からの回復と、神や先祖の許しを求めて祈ったといわれます。

その一方で、カヴェヘヴェへの治癒力に現代的な解釈を試みる人もいます。一帯の海からは淡水が湧き出ているため水温が低く、それが病を癒やす、というものです（NOTE❷）。実際、この海底からは淡水が噴き出しているため藻が生えず、白い砂地がひと筋の道のように沖に続いているのが一目瞭然。

1. 白い砂地が 1 本の道のように沖に延びている箇所が、淡水の吹き出すエリア　2. 癒やしの海周辺はボードウオークになっている。そぞろ歩いてみよう

もちろん真相は「神のみぞ知る」ですが、その限りなく澄みきった海を見ていると、一帯にみなぎる不思議なマナを信じて海に入った昔のハワイアンの気持ちがわかるような気がします。ぜひ足元だけでも海に浸してみてください。

知っトク! NOTE

❶今の医師にあたるカフナ（→ P.86）も祈祷から治療を始めました。優れた薬草もマッサージも、神の力が得られなければ効き目なし。神が万物を司るという信条のもと、神事以外においても祈りがその中核にありました。

❷カヴェへヴェへ以外にも癒やしの力をもつとされるスポットがハワイにはあり、そのいくつかはやはり海水と淡水が混じるスポットです。（ハワイ島ヒロのココナッツアイランド周辺の海など）

Kawehewehe
カヴェへヴェへ

ハレクラニホテル前の海とその周辺

COLUMN

ワイキキと王族

ワイキキに首長一族が移り住んだのは、15世紀前後。それまではエヴァ地方（ホノルル空港以西の地域）にあった首長居住地が、**15世紀の大首長マイリクカヒの治世（NOTE❶）からワイキキに移されました**。ワイキキには2ヵ所の首長居住地があり、ひとつが現在、ロイヤル・ハワイアンなどが建つ**「ヘルモア」**（→P.78）。もうひとつが今、モアナ・サーフライダーホテルとなっている「ウルコウ」です。

さらに19世紀のハワイ王国時代にも、多くの王族がワイキキに別荘を設けました。例を挙げると現在、インターナショナル マーケットプレイスがある場所には、ルナリロ王の別荘が。そしてルナリロ王が1874年に別荘で亡くなると同地はカメハメハ4世の妻、エマ王妃（NOTE❷）に引き継がれ、今も「クイーン・エマ・ランド・カンパニー」が所有しています。

一方、カラカウア王の別荘が建っていたのは、かつて商業施設「キングスビレッジ」（NOTE❸）があった場所。この地でカラカウア王は、しょっちゅう舞踏会を催したといわれます。

そしてワイキキビーチ・マリオットが建つのは、リリウオカラニ女王の別荘地跡。リリウオカラニ女王はアラワイ運河沿いからビーチまで続く広大な土地をもっており、そこには「パオアカラニ」

「ケアロヒラニ」という、ふたつのコテージが建っていました。ふたつのコテージの名は今、ワイキキ・ビーチ・マリオットの2棟のタワーの名に引き継がれているほか、ホテル近くのストリート名にも残されています。

知っトク！ NOTE

❶カクヒヘヴァ（→ P.78）の曾祖父で名君。その治世にオアフ島は繁栄し、争いも減少したといわれます。

❷ルナリロ王がエマ王妃に土地を遺したことからふたりのロマンスのうわさが流れ、エマがそれを打ち消すのに苦労したとの逸話があります。

❸ 1970 年代にオープンしましたが、2019 年に閉鎖されました。

摩訶不思議なパワーがこもる
カフナストーン

クヒオビーチにあるワイキキ・ビーチ交番の隣には、タヒチのカフナ（NOTE❶）の**癒やしのパワーがこもるという不思議な巨岩**が鎮座しています。

伝説によれば16世紀の昔、タヒチから4人のカフナがこの地に住み着き、人々の病気治療を始めました。4人は優れた癒やしの術をもち、その名声がハワイ中にとどろくと、助けを求めて病人が日々、集まるようになったとか。

一帯のハワイアンが敬愛してやまなかった4人ですが、ついにタヒチに帰る日がやってきました。そこで4人は自分たちの記念碑を設けてほしい、とリクエスト。タヒチに帰ったあとも自分たちを忘れないでほしいというのが、その理由でした。

4人のそんな願いを聞き入れ、土地の人々は近隣のカイムキ地区から4つの巨岩をこの地に運び、4人の記念碑とすることに。**4人はそれぞれの岩にカパエマフ、カハロア、カプニ、キノヒという自分たちの名前を与え**、手をかざして癒やしの力を岩に残すと、タヒチへと帰っていったということです。

ちなみに岩の近くに住んでいたリケリケ王女（NOTE❷）は、よく海に入る前に岩にそれぞれ

1. 魔法使いの岩、ヒーリングストーンなどさまざまな名で呼ばれている　2. カフナたちの故郷だったというタヒチのライアテア島から1997年に贈られた小さな石の記念碑

レイをささげ、祈っていたといわれます。

20世紀に入ると岩は土地開発の途中で行方不明になりましたが再発見され（NOTE❸）、16世紀の癒やしの伝統を今に伝えています。

知っトク！NOTE

❶カフナは神官に限らず、医術、カヌー作りなど各分野の専門職の総称。神事を司る神官以外にさまざまなカフナがいました。

❷岩のある一角と山側の土地はかつて、リケリケ王女（カラカウア王とリリウオカラニ女王の妹）＆家族の所有地。王女の夫が亡くなった1958年、ホノルル市に譲渡されました。

❸この地に建っていたボウリング場が解体された時、岩々が発見されました。

Kahuna Stones
カフナストーン

ワイキキ・ビーチ交番のダイヤモンドヘッド側隣。カラカウアアベニュー沿い

現代サーフィンの父

デューク・カハナモク像

デューク・カハナモクは、ワイキキで生まれ育った生粋のハワイアン。1912年、ストックホルムオリンピックの100m自由形で優勝し、ハワイ出身者としては初めての金メダリストとなりました。生涯、3つのオリンピック（NOTE❶）で金メダル3つを含む5つのメダルを獲得した、ハワイが世界に誇る英雄です。

とはいえオリンピック以前は、まったく無名だったデューク。1911年、ハワイの水泳競技会でそれまでの100m自由形の世界記録を4秒縮める驚異的なタイムで優勝した時、アメリカ本土の委員たちはそれを信じませんでした。「今度は目覚まし時計ではなくストップウオッチで計れ」などと、侮蔑的な発言をしたといわれます。

ところが翌年、今度はアメリカ本土でのオリンピック予選で優勝して偏見を跳ね返し、実際にオリンピックで金メダルを取ったのですからたいしたものです。

ですがデュークの生涯最高の金星は、ハワイ生まれのサーフィンを世界に広め復興した功績（NOTE❷）でしょう。サーフィンの名手でもあったデュークはカリフォルニアやオーストラリアなど世界中で妙技を披露し、以来、サーフィンが世界的なスポーツとなりました。「現代サーフィン

実は王族の血を引くデューク。母方の一族は現在ヒルトン・ハワイアンビレッジが建つ地域に広大な土地を所有していた

の父」と呼ばれるゆえんです。

余談ですが、デュークの生誕100年を祝してこの銅像が立てられた1990年、「なぜ海を愛したデュークが海に背中を向けて立っているのか」との意見が噴出。今なお意見の分かれるところです。

知っトク！ NOTE

❶ストックホルムオリンピック（1912年）、アントワープオリンピック（1920年）、パリオリンピック（1924年）でメダルを獲得。1916年のベルリンオリンピックは第1次世界大戦により中止されました。

❷プロテスタント宣教師は、ハワイの伝統文化をことごとく否定。西洋の文化や価値観を島の人々に押し付けました。サーフィンも怠惰な遊びとして批判され、20世紀初頭には下火になっていました。

Duke Kahanamoku Statue
デューク・カハナモク像

カラカウアアベニュー沿い。カフナストーンからカピオラニ公園方面に歩く

ハワイのために戦った「庶民の王子」

クヒオ王子像

ジョナ・クヒオ・カラニアナオレ王子を知らずとも、ワイキキのクヒオビーチやクヒオアベニューは知っているという方は多いのではないでしょうか。オアフ島ハワイカイ方面を走るカラニアナオレ・ハイウエイも、クヒオ王子にちなんで名づけられた道路です。

クヒオはカラカウア王の妻カピオラニ王妃の甥（NOTE❶）。10代で母を亡くした後にカピオラニとカラカウア夫妻に引き取られ、わが子同然に育てられました。

そのクヒオが暮らしていたのが、現在銅像が立つ海辺の一帯。プアレイラニと呼ばれた屋敷はカピオラニ王妃から、また現在クヒオビーチと呼ばれる海辺の土地はリリウオカラニ女王から譲られたものでした。

クヒオは崇高な王族である一方、「**庶民の王子**」として慕われていました。その理由はいくつかありますが、まずハワイとハワイアンの権利のために戦った闘士だったことが大きいでしょう。ハワイ王国が崩壊するとリリウオカラニ女王の復権のため、1895年の謀反（↓P.39）に参画。一時は死刑判決を受け、後に恩赦を受けています。また1922年に死去するまでの20年間、**ハワイ選出のアメリカ連邦議員**を務め、ハワイアンの血を50％以上引く人々のための土地を確保する**ハ**

1. ハワイアンの権利のために戦ったクヒオ王子の像。クヒオビーチはかつて王子が暮らしていた土地
2. クヒオ王子はカウアイ島最後の王カウムアリイのひ孫にあたる
写真提供：Hawaii State Archives

ワイアンホームズ委員会法（NOTE❷）を成立させたのも、クヒオでした。
その誕生日である3月26日は今、ハワイ州の祝日「プリンス・クヒオ・デイ」と定められ、英雄クヒオの人生をしのぶ日となっています。

知っトク！NOTE

❶カピオラニ王妃の末妹、ケカウリケの三男。

❷ 1921 年成立。連邦政府の土地 20 万エーカーをハワイアンの血を 50% 以上引く人々に割り当てることを定めた法律。実際は授与ではなく年間 $1 で 99 年間借りられるという貸与。ただし今も約 2 万 8000 人がウエイティングリストに名を連ねるなど、連邦＆州の対応の悪さが問題化しています。

Prince Kuhio Statue
クヒオ王子像

カラカウアアベニュー沿い。デューク・カハナモク像からさらにカピオラニ公園寄り

早逝した美貌の王女の似姿

カイウラニ王女像

カイウラニ王女は、カラカウア王とリリウオカラニ女王の妹リケリケ王女の娘。スコットランド人実業家で王国政府の要職を歴任したアーチボールド・クレッグホーンを父にもつ、美貌の王女として知られます。

その銅像が立つ公園から海側は昔、カイウラニ王女の屋敷と庭園があった場所（NOTE❶）。かつては蓮池を中心に500本のヤシやバナナの木、色とりどりのハイビスカス、巨大なバニヤンの木などが配置され、50羽のクジャクが放し飼いにされていたとか。土地はリケリケ王女によってアイナハウ（ハワイ語で「涼しい地」の意）と名づけられ、「ハワイ諸島で一番美しい土地」と称されるほどの庭園美を誇っていました。

天国のように美しいアイナハウで幸せな子供時代を過ごしたカイウラニ王女ですが（NOTE❷）、人生の後半は混乱と悲しみに満ちたものになりました。まず、11歳の時に母が死去。その2年後の1888年には、ハワイを離れてイギリスに留学することに。1893年の王国転覆の悲報を受けたのも、イギリス時代でした。

カイウラニがハワイに戻ったのは1897年。乗馬中に激しい雨に遭ったことから高熱に見舞わ

1. 薄幸の美女、カイウラニ王女の像はプリンセス・カイウラニホテルから山側に徒歩1分　**2**.「悲劇の王女」と称される女性はハワイに多いが、カイウラニ王女もそのうちのひとり
写真提供：Hawaii State Archives

れ、アイナハウで死去したのはその翌年。まだ23歳という若さでした。**世が世なら王国9代目の君主になるはずだったカイウラニ王女（NOTE❸）**の死を人々は心から悼み、今なおその銅像には、常に花やレイがささげられています。

知っトク！NOTE

❶その土地は1875年にカイウラニ王女が生まれた際、後見人のルース王女（カメハメハ大王のひ孫）から贈られたもの。

❷屋敷をしばしば訪れたスコットランド人作家のロバート・スティーブンソンは幼いカイウラニを愛し、詩のなかで王女を「島のバラ」とたたえました。

❸リリウオカラニ女王は1891年の即位時、16歳のカイウラニを後継者に指名しています。

Princess Kaiulani Statue
カイウラニ王女像

プリンセス・カイウラニ・トライアングル（公園）内。クヒオアベニュー、カイウラニアベニュー、カネカポレイストリートに囲まれた一角

いにしえのハワイアンを祀る

カヒ・ハリア・アロハ

ホノルル動物園にほど近いカラカウアアベニューの東端には、ハワイを愛する旅行者にぜひ目を留めてほしい聖なるスポットがあります。ワイキキで発掘された**先史時代のハワイアンの遺骨を祀る記念建造物**です。

約1000年前（NOTE❶）から人が住んでいたワイキキ。水が豊富で風光明媚なワイキキに首長一族も好んで住んできたことは、これまで触れてきたとおりです。1920年代には大がかりな土地開発が始まり、ワイキキは高層ホテルが立ち並ぶ世界的なリゾートに発展したのでした。

建造物には過去のワイキキ開発で出土した**200体の遺骨**（NOTE❷）が納められ、「カヒ・ハリア・アロハ」（愛ある追悼の場）と命名されています。

ちなみに工事などの際に出土した先史時代の遺骨を納める場所が独立して設けられたのは、ハワイではこれが初めて（NOTE❸）。死者のマナ（霊力）は骨にこもるという信条をもっていたハワイアンにとって（↓P.64）、遺骨の大切さははかり知れません。いにしえのハワイアンたちも魂の安住の地を得て、ホッとしていることでしょう。

そんな背景もあり、2001年に行われた完成記念式典には当時のホノルル市長や建築業界の要

1. 何も知らずにその前を通り過ぎる人が多いが、実は200体の遺骨が眠る神聖な場所だ　2. 慰霊碑建立の経緯を記した碑文も胸を打つ

人、考古学者、ワイキキに広大な土地をもつカメハメハスクール財団（→P.80）の代表ら多数が出席。ワイキキにルーツをもつハワイアンの一族も参加し、ワイキキで暮らしていた先人たちを追悼しました。

知っトク! NOTE

❶ワイキキに人が住み始めた時期につきカヒ・ハリア・アロハの碑には「2000年前」とありますが、ここではハレクラニホテルの敷地から見つかった住居跡（→P.75）の年代に基づき、1000年としています。

❷カラカウアアベニューの水道工事の際、50体の遺骨が出土。その遺骨のほか、やはりワイキキで発掘された150体を祀っています。

❸以前見つかった150体はホノルルのビショップミュージアム（→P.120）で保管されていました。

Kahi Halia Aloha
カヒ・ハリア・アロハ

カラカウアアベニューとカパフルアベニューの角。ホノルル動物園近く

カラカウア王時代からにぎわう憩いの場

カピオラニ公園

ワイキキの東端に広がるカピオラニ公園は、**カラカウア王時代に造られた公園**。当時注目を集めていた競馬やポロ競技のフィールドが欲しいという国民の声に応え、カラカウア王が造園に乗り出しました。

完成したのは1877年（NOTE❶）。キング・カメハメハ・デイの祝日である6月11日に行われた開園記念式典には多くの王族が出席し、盛大に催されたとか。公園の名は、もちろん**カラカウアの愛妃のカピオラニにちなんで名づけられた**ものです。

公園は当時、一帯に広がっていた湿地帯をうまく利用して造られ、今とは様相がかなり違っていたよう。ポロ競技場のほか池（NOTE❷）が広がり、小島もあちこちに浮かんでいました。そのうち最大だった**マキーアイランド**（NOTE❸）には小さなステージまで。周囲にはクジャクが放し飼いにされていたほか、さまざまな植物が植えられていました。

公園の設計を手がけたのは、カラカウア王の妹リケリケの夫、アーチボールド・クレッグホーン。クレッグホーンが造り上げたアイナハウ（→P.92）が「ハワイ諸島で一番美しい土地」と呼ばれたのと同様に、公園にもクレッグホーンの美意識が存分に反映されているというわけです。

開園から150年近くがたち、公園の様相は大きく変わりましたが、今も昔と同様、カピオラニ公園は、ホノルル市民の憩いの場として常ににぎわっています。

1. ダイヤモンドヘッド麓の王室の土地に造られてから約150年。今では市民に加え旅行者にも愛されている　2. カピオラニ王妃の名を冠した公園には王妃の銅像も

知っトク! NOTE

❶カラカウア王の治世3年目。ホノルル市はこの公園をハワイで2番目に古い公園としていますが、最古とされるトーマススクエア（→P. 114）が公園とし成立した時期に諸説あることから、カピオラニ公園が最古だとする説も。

❷背後のコオラウ山脈から海へと流れる水を利用して造られていました。

❸ハワイ語ではマケエアイラナ。現在のホノルル動物園入口の近くにありました。

Kapiolani Park
カピオラニ公園

3840 Paki Ave., Honolulu
5:00 ～ 24:00
カラカウアアベニューとカパフルアベニュー、パキアベニューに囲まれたエリア
URL www.honolulu.gov/parks/default/kapi-olani-regional-park.html

火山の女神ペレゆかりの山

ダイヤモンドヘッド

ワイキキの象徴ともいえるダイヤモンドヘッド（NOTE❶）は、標高232m。その古称であるレアヒ（NOTE❷）の意味にはふたつの解釈があり、ひとつは「マグロの額」。文字通り、マグロの額に山の形状が似ているというのがその由来です。

ふたつめは「炎の渦巻き」を意味するというもの。その昔、沖のカヌーへの目印として、クレーターの縁で常に大きなかがり火が燃やされていたことに由来します。

ダイヤモンドヘッドはまた、壮大な神話の舞台でもあります。神話によれば、ダイヤモンドヘッドの巨大なクレーターを掘ったのは、火山の女神ペレとか。

ペレはもともとタヒチで生まれ、一族を率いてハワイにやってきました。ペレはその住居として、永遠の炎を燃やすための深い穴が必要です。各島を巡りながら穴を掘ったものの、タヒチから追いかけてきた姉で海と海水の女神ナマカオカハイがどの穴も水浸しにしてしまいました（NOTE❸）。執拗な姉に追われながら、結局はハワイ島キラウエア火山に落ち着いたペレ。海から遠く離れたキラウエア火山には、姉の神通力が及ばなかったからです。

つまりはダイヤモンドヘッドを含むハワイにある火山の火口はすべて、ペレが終のすみかを探すため掘ったものということに。

もしもダイヤモンドヘッドがもう少し海から離れていたら。ペレはそのまま、ダイヤモンドヘッドにすみ着いていたのかもしれません。

1. ダイヤモンドヘッド登頂は現在、事前予約制。詳細は公式サイトを参照　2. 広大なクレーターはおよそ30万年前の大噴火でできたもの

知っトク! NOTE

❶19世紀、イギリス人船員が山でキラキラ光る方解石の結晶を見てダイヤモンドと勘違いしたことから、この名がつけられました。

❷「レアヒ」は「ラエ・アヒ」の訛ったもの。ラエは額、アヒはマグロの意。

❸ペレがタヒチを離れた理由のひとつとして、姉の夫を誘惑して姉が激怒したからという説があります。

Diamond Head
ダイヤモンドヘッド

ワイキキの東側。ワイキキ広域から眺められる

URL dlnr.hawaii.gov/dsp/parks/oahu/diamond-head-state-monument/

Chapter
3

Honolulu
Suburbs

ホノルル
郊外

ひとことでホノルルといっても、実に広範。第１章、第２章ではダウンタウン＆ヌウアヌ、そしてワイキキの見どころを取りあげましたが、この章ではそれらのエリアを除いたホノルル全域に点在するスポットを取りあげています。

具体的にはワイキキ背後の山側にあるマノア渓谷周辺、ワイキキからダウンタウンにかけて広がるアラモアナ＆カカアコのエリア、さらにはダウンタウンの西側、ダニエル・K・イノウエ国際空港寄りにあるカリヒ地区の歴史＆神話の舞台です。

広いエリアを網羅しているので、この章に登場するスポット間は一部を除き、車やバスで移動することとなります。紹介順も基本的に順不同。一度にすべて見て回るというより、近くに出かけた際に訪問する形での見学がいいかもしれません。

産院を引き寄せた？　聖なる岩

プナホウのバース・ストーン

オバマ元アメリカ大統領（NOTE❶）も卒業したハワイの名門校、プナホウスクールは、1841年創立。ハワイ王国時代から続く長い歴史と伝統を誇ります（NOTE❷）。同校の正門脇にはまた、神秘の遺物がひとつ。**産みの苦しみを和らげるマナ（霊力）をもつという、バース・ストーン（NOTE❸）**です。

岩はもともと、ワイキキ後方に広がっているマノア渓谷にあったもの。1830年代、ここで暮らしていた宣教師の敷地入口を示す岩が必要になり、渓谷奥の岩を運んでくることになりました。岩は地中深くに埋まっていたので、まずは大勢で掘り起こし、翌朝運び出そうと戻ってみると……。なんと岩が再びどっしり、地中に埋まっているではありませんか。

不可解なできごとの真相解明のためさっそく呼ばれた神官は、岩を見るなり言いました。「これはただの岩ではない。マナのこもった特別な岩なので、無下に動かすことはできない。供物をささげて丁重に依頼すれば、動いてくれるだろう」。

そこで岩にごちそうをささげ盛大に祝宴を開いたところ、今度はすんなりと岩が動いたというから不思議です。

かつては幅数メートル、数トンもの大きな岩だったがその後いくつかに割れ、今の岩は高さ 1.5m ほど

ちなみにプナホウスクールの数百メートル先にあるのが、ハワイ最大の婦人科&小児科病院、カピオラニ病院。1890年創設のこの病院は聖なるバース・ストーンが引き寄せたのだと主張する人々がいますが、真相は藪の中。「神のみぞ知る」といったところでしょう。

知っトク! NOTE

❶オバマ元大統領はハワイ出身。1961 年、本文にあるカピオラニ病院で生まれています。

❷1820 年にやってきた宣教師団の長、ハイラム・ビンガムに払い下げられた土地に、宣教師の子供たちのための学校として創設されました。

❸産みの苦しみを和らげる岩の総称。ほかにオアフ島ワヒアワ(→ P.224)やカウアイ島ワイルア、マウイ島ラハイナのバース・ストーンが知られています。

Birthstone at Punahou
プナホウのバース・ストーン

1601 Punahou St., Honolulu
ワイルダーアベニューとプナホウストリートの角

COLUMN

神話に彩られたプナホウの泉

前項に登場するプナホウスクールの敷地には、その名もプナホウ（ハワイ語で「新しい泉」）という名高い泉があります。泉は校名だけでなく一帯の地名の由来にもなった、いわば土地の象徴的な泉。泉の起源について、次のような3つの伝説が知られています。

ひとつめは**四大神のカネとカナロア（NOTE❶）にまつわる言い伝え**です。オアフ島を巡る旅の途中、ふたりはこの地でひと休みすることに。カナロアが水を所望すると、カネが足元を指さしました。淡水を司る神であるカネの耳には、地中を流れる水の音が聞こえていたからです。さっそく足元の大地を棒でたたくと水がこんこんと湧き出し、泉になったとか。

ふたつめは、意地悪な継母から逃れ、マノア渓谷で野宿していた**男女の双子にちなむ伝説**。水浴びを切望した妹のため渓谷を探索していた兄が、ようやく遠く離れた場所で泉を発見しました。このとき泉で出会ったのが、渓谷の水源を操る大トカゲの半神モオ（↓P.58）。心優しいモオは泉の水を地下水路で双子の住む地に送ってくれ、そうしてできたのがプナホウの泉だそうです。

最後は、**夢のお告げにまつわる物語**です。水不足と飢餓に悩んでいた老女が夢の中で男に出会い、「近くの古いハラの木（NOTE❷）の下に泉がある」と告げられました。さっそく大きなハラの木の下を掘ってみると、あら不思議！ お告げ通り、水が湧き出たではありませんか。以来、この地は新しい泉（プナホウ）と呼ばれるようになった……ということです。

知っトク！NOTE

❶カネは生命や清水など、人間生活にとって極めて重要な分野を司る神。カネとカナロアのふたり組が見つけたという泉が、ハワイの各島に残ります。また不老不死の水にまつわる「カネの生命の水」という有名な神話も知られています。

❷タコノキ科の植物。古来、細長い葉がマット作りにも使われました。プナホウスクールの校章には、３つ目の伝説にちなんでハラの木と泉がデザインされています。

神秘の香る文化遺産

マノア・ヘリテージセンター

緑深いマノア渓谷の奥深くに位置するマノア・ヘリテージセンターは、マノアの文化遺産がギュッと凝縮された施設。およそ4300坪の敷地には20世紀初頭に建設された**チューダー復刻様式の屋敷（NOTE❶）**、そして10世紀以前に建てられたクカオオ神殿という、ふたつの国定史跡があります。

なかでも特筆すべきは、**クカオオ神殿**でしょう。伝説によれば、**神殿を建てたのはハワイの伝説上の小人族メネフネ（NOTE❷）**。神殿を砦としても使用していたメネフネ族ですが、17世紀に大首長クアリイとの戦いに敗れ、この地を追い出されたとか。クアリイはメネフネとの戦い後に神殿を再建し、神殿は長らく**豊穣と平和の神であるロノを祀る神殿**として、マノア渓谷で重要な役割を担ってきました。

ところが1819年のカメハメハ大王の死後、タヒチやマルケサスからハワイアン民族の祖先が持ち込んだ原始宗教が廃されるという歴史的大事件がハワイで発生（↓P.25）。神殿がハワイ各島で破壊され、クカオオ神殿もまた崩れたまま放置されていました。それが同センター開設のため、跡地に残された岩だけを使い専門家によって復元されたのは、1993年でした。

1. **2**. マノアの主要な神殿のひとつだったクカオオ神殿。再構築され、往時の威厳を取り戻した　**3**.110年以上前に建てられたクック邸。将来、内部が公開される可能性もあるとか

なお同センターは予約制ツアーに参加する形で見学でき、日本語ガイドによるツアーもリクエスト可能。神殿周辺にはハワイ&ポリネシア原産の植物を集めた庭もあり、緑深いマノアの自然と歴史を、一度に楽しむことができるのが魅力です。

知っトク! NOTE

❶ 1837年にハワイに到来した宣教師、エイモス・クックの一族であるクック家の邸宅。1911年に建てられ、（私邸のため）内部はまだ公開されていません。

❷石を使った建設が得意とされ、ハワイ各地で神殿や養魚池を造ったとされます。

Manoa Heritage Center
マノア・ヘリテージセンター

- 2856 Oahu Ave., Honolulu
- 月曜〜金曜 9:00 〜 16:00（土曜・日曜休園）。見学はツアーのみ。予約制
- $20
- プナホウスクールから山側に車で約 10 分
- URL www.manoaheritagecenter.org

残酷な首長のなれの果て

マノアのスリーピングジャイアント

巨人の寝姿にも似た山、「スリーピングジャイアント」といえばカウアイ島東部のノウノウ山が有名ですが、実はオアフ島にもスリーピングジャイアントと称される丘があります。マノア渓谷の東の縁をなす、**ヴァアヒラ尾根**です。

ノウノウ山に心優しい巨人の伝説（NOTE❶）が残るのとは対照的に、こちらのスリーピングジャイアントは邪悪な首長のなれの果て。**虹のプリンセス「カハラオプナ」の神話**のなかで、首長が丘になった経緯が語られています。

カハラオプナは、マノア渓谷で暮らす虹のプリンセス。その光り輝く美貌は、ハワイ中にとどろくほどでした。出生時から首長のカウヒと婚約していましたが、カウヒはあまりに美しいカハラオプナが浮気していると信じて疑わず、なんとカハラオプナを殺害してしまったのです。

ところがカハラオプナを見守る**家族神**（NOTE❷）のフクロウが、神通力でカハラオプナを蘇生。一方のカウヒは、よみがえったカハラオプナを見るたび蛮行を繰り返しました。そんな悪事がついに明るみになったとき、カウヒは処刑されることに。死してなお神々の怒りは収まらず、カウヒはマノア渓谷の一角をなす尾根に変えられてしまったのでした。

胸の上で手を組む巨人の寝姿。白い雲の下が顔の部分

こうして未来永劫、丘となって横たわったまま身動きできなくなったカウヒ。今頃は自分の罪を悔やみ、マノアの空にかかる美しいカハラオプナ（虹）を眺めながら、きっと涙を流しているに違いありません。

知っトク！NOTE

❶オアフ島から敵軍が襲来した夜、仲よしの巨人プニに助太刀してもらおうと考えた小人族メネフネ。ぐっすり眠っていたプニを起こそうと石を投げつけると石がのどに落ち、プニは窒息。メネフネは泣いて後悔し、プニの体はそのまま山になったといわれます。

❷ハワイには死んだ先祖がフクロウやサメなど動物の姿を借りてこの世に戻り、子孫を見守るとの信条があります。先祖神とも呼ばれます。

Sleeping Giant at Manoa
マノアのスリーピングジャイアント

マノア広域やタンタラスの丘から全容が見られる

モロカイ島の聖女

聖マリアン・コープ像

アラモアナ・ビーチパーク西側にあるケワロ湾のほとりには、聖ダミアン（↓P.46）と並ぶハワイゆかりの聖人、マリアン・コープ尼（↓P.52）の銅像がたたずんでいます。

もともと、ニューヨークはシラキュースの**聖フランシスコ修道会の修道女**だったマリアン尼（**NOTE❶**）。ハワイ王国時代の1883年、カラカウア王からの要請を受け（**NOTE❷**）、ハンセン病患者の世話をするため6人の修道女とともにハワイ入りしました（**NOTE❸**）。

一行はまずカカアコにあった患者の一時収容施設の管理にあたったあと、1888年、モロカイ島の隔離施設へ。1873年から同施設で患者の世話をしていた、ダミアン神父（後の聖ダミアン）の跡を継ぐためです。ハンセン病にかかっていた**ダミアン神父の最期を看取った**のも、マリアン尼でした。

そんな背景から、最初の赴任地だったカカアコに近いケワロ湾にマリアン尼の銅像が建てられたのでした。

銅像はそれほど大きくはありませんが、マリアン尼のエネルギッシュな生きざまを反映し、一歩前に踏み出した姿が印象的。その視線のはるか先には、モロカイ島があります。銅像横の碑文には

1. 銅像のあるケワロ・ベイソンパークはケワロ湾&ヨットハーバーに隣接。アラモアナ・ビーチパークやワードセンターから徒歩圏　2. モロカイ島に臨んで立つ聖マリアン像

1

2

「私はいかなる病も恐れない」というマリアン尼の力強い言葉も。
　マリアン尼の遺骨が祀られたダウンタウンのアワ・レディ・オブ・ピース大聖堂（↓P.52）と合わせ、海辺にたたずむ聖女の銅像も必見です。

知っトク! NOTE

❶ハワイ入りの前はカトリック系の聖ジョセフ病院で要職に就いていました。

❷アメリカ本土に送られた50通の手紙に応えたのは、マリアン尼だけだったといわれます。

❸当初は6人の引率後、ニューヨークに引き返す予定が、カカアコ施設の悲惨な状況を見て居残ることに。徹底的な清掃と男女一緒だった施設を男女別に分けることから始め、さまざまな改革を進めました。

Saint Marianne Statue
聖マリアン像

1125 Ala Moana Blvd., Honolulu

ケワロ・ベイソンパーク内。アラモアナ・ビーチパークのダウンタウン寄り隣

首長一族の埋葬場跡

パンチボウルの丘

国立太平洋記念墓地があることで知られる、パンチボウルの丘。パンチボウルとの英名（NOTE❶）は意外に古くから使われ、1823年、ハワイを訪れたイギリス人宣教師のウィリアム・ウィリス（NOTE❷）の日誌に、すでに登場しています。

一方、本来の**ハワイ語名は「生贄の丘」を意味するプオヴァイナ**。かつて丘の裾野に4つの神殿があり、そのなかに人身御供がささげられる類いの神殿（NOTE❸）があったことからその名が付けられました。

しかも丘のクレーターは昔、**首長一族の埋葬場**でもありました。戦没者の墓地が造られるはるか以前から、この丘はハワイアンにとっての聖地だったのです。

パンチボウルの丘にはまた、いくつかの神話も残っています。ひとつは、ダイヤモンドヘッド（→P.98）と同じくこのクレーターも**火山の女神ペレにより掘られた**という話。もうひとつは、**カウアイ島からの捕虜たちにまつわる物語**です。

大昔、オアフ島の首長がカウアイ島を急襲。捕虜と戦利品をもち帰り、パンチボウル裾野で祝宴を開いていました。すると丘が急に噴火して大地が激震し、丘の上に捕虜の家族神が現れたとか。

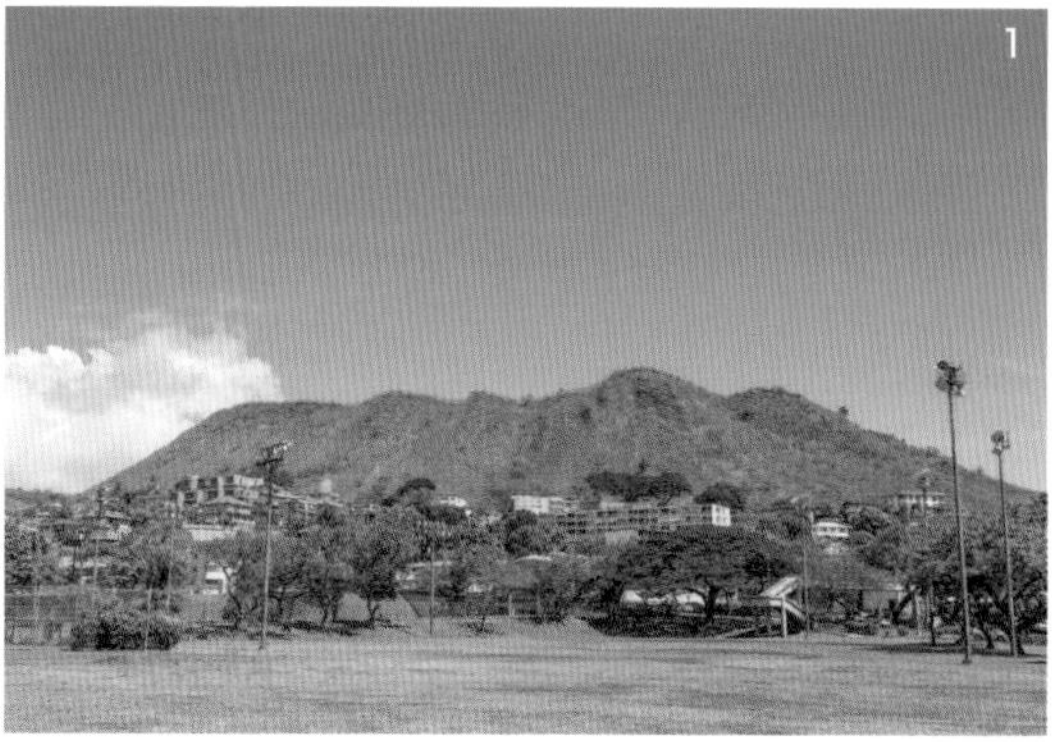

1. およそ7万5000年から10万年前に誕生したパンチボウルの丘。ダイヤモンドヘッドと並び、ホノルルを象徴する山のひとつだ　2.「生贄の丘」を意味する古称、プオヴァイナはゲートにも記されている

おののいた首長は戦利品と捕虜をカヌーでカウアイ島に送り返し、怒れる家族神の許しを請うたということです。
一般にパンチボウルとの愛らしい名で知られる丘ですが、実は恐ろしい昔話の舞台なのでした。

知っトク！ NOTE

❶パンチ（飲み物）を入れる容器を逆さにした形に似ていることから、この名が付いたとされます。

❷ 1823年～1824年、ハワイに滞在した宣教師。ハワイ語に類似したタヒチ語を話したためハワイ語も素早く習得し、アメリカ人宣教師のハワイ布教を助けました。

❸神殿（ヘイアウ）には祀る神々によって執り行われる儀式が異なり、戦いの神クーのための神殿には人身御供がささげられました。

Punchbowl
パンチボウルの丘

ホノルルの広範囲から眺められる

ハワイ王国時代の砦跡

トーマススクエア

バニヤンの大樹と噴水が印象深いこの緑の公園は、**クラオカフアという砦の跡地**に造られた歴史ある公園。現在のようにトーマススクエア（トーマス広場）と改名されたのは、ハワイ王国を揺るがす歴史的大事件がきっかけでした。

時はカメハメハ3世時代の1843年。イギリス領事の策略により、ハワイがイギリスに占領されるという事件が発生しました。領事は自分の権利のない土地（NOTE❶）の所有権を主張し、それが退けられると「ハワイでイギリス人が迫害されている」と本国に泣きついたのです。

さっそくイギリス海軍から派遣された調査官は一方的に領事の言い分を支持し、武力による脅しでハワイを占領。

ですが5ヵ月後、3世の直訴を受けてビクトリア女王が派遣した**トーマス海軍提督（NOTE❷）**は、公明正大な軍人でした。精査の結果、イギリス領事の勝手な言い分を却下し、**ハワイの統治権を3世に返還した**のでした。

その喜びの記念式典が催されたのが、ほかならぬこの場所。3世、トーマス提督列席のもとユニオンジャックが降ろされ、王国旗が再び掲げられることになりました。その後、トーマス提督への

銅像の後方に見えるハワイ語表記、「Ua mau ke ea o ka aina i ka pono」（大地の生命は正義とともに永続する）は、3世が主権回復後に述べた言葉。後にハワイ王国のモットーになった

深い感謝の印として**3世は土地の名をトーマススクエアと改名**したというわけです。

そんな背景から今では公園に3世の銅像が立てられ（NOTE❸）、19世紀の大事件の記憶を現代に伝えています。

知っトク！NOTE

❶イギリス領事は自宅周辺の土地を根拠なく自分のものと主張。所有権が認められないと「ハワイでイギリス人が不当な扱いを受けている」と本国に申し入れました。

❷トーマス提督は最初に派遣されハワイを占領したポーレット調査官の上官。

❸主権回復の儀式からちょうど175周年目の2018年7月、銅像が建立されました。

Thomas Square
トーマススクエア

925 S. Beretania St., Honolulu

ベレタニアストリートとワードアベニューの角

COLUMN

ハワイ王国旗の秘話

前項で触れた「トーマススクエア」をはじめハワイ中にひるがえるハワイ州旗は、**ハワイ王国旗をそっくりそのまま引き継いだもの**。まるで**イギリス国旗とアメリカ国旗をミックス**したかのように見えますが、それもそのはず。実際に両国の国旗を組み合わせ、カメハメハ大王時代の1816年に考案されました。

カメハメハ大王時代、ハワイには国旗という概念がなく、カメハメハは友人のイギリス人（NOTE❶）から贈られたイギリス国旗を港や自宅に掲げていました。そこにはイギリス国旗を掲げて同国との友好関係を示し、他国の干渉を防ごう、という意図があったとされます（NOTE❷）。ところがアメリカとの貿易が増すにつれ、アメリカとの関係も重視し始めたカメハメハ。イギリス国旗のみを流用するのではなく、新国旗を作ることにしました。さらには中国への白檀輸出をはじめ外国との交易が盛んになりつつあった当時、独立国家としての旗印が必要になったという事情もあったようです。

こうして**カメハメハのイギリス人顧問ふたり（NOTE❸）が考案**したのが、くだんの国旗です。アメリカ国旗の星の部分がイギリス国旗に変えられたうえ、赤と白のストライプにはイギリス国旗から青が加えられて3色に。ストライプの数は8本。これはハワイ主要8島を示しています。

つまりはふたつの大国との関係を重んじ、同等に配慮しようというカメハメハ流の政治感覚が反映されたのが、ハワイ王国旗なのでした。

知っトク！ NOTE

❶ジョージ・バンクーバー船長（→ P.194）。1778年、クック船長のハワイ来訪の際の乗組員。1793年以降、船長としてハワイを3度訪れカメハメハと親しくなりました。

❷バンクーバーを通じてカメハメハはイギリス国王のジョージ3世に書簡を送り、イギリスと同盟関係を結んでいました。

❸アレキサンダー・アダムス船長とジョージ・ベックリー船長。王国旗の国際デビューは1817年、中国への貿易船に掲げられたのが最初でした。

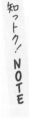

貴重な19世紀の絵画を所蔵

ホノルル美術館

名門宣教師一家に生まれた**アン・ライス・クック夫人（NOTE❶）**が、1922年に開いた美術館。人種のるつぼであるハワイで、子供たちは自分たちや隣人のルーツ、文化を知るべきである。クック夫人のそんな理念のもと、アジア、欧米諸国、イスラム圏など世界中の美術品、約5万点を収蔵しています。

ハワイ関連の芸術品だけを集めているわけではありませんが、同美術館には世にも有名なハワイの絵画3点が展示されています。まず注目したいのが、**幼少時のカメハメハ3世と妹ナヒエナエナを描いた1825年の油絵**。

ナヒエナエナは3世の妹にして、妻（NOTE❷）。1836年、21歳で死去したナヒエナエナの、2枚しか残っていない肖像画の1枚がここにあります。幼い3世の肖像画も、極めて珍しいもの。イギリス人画家により描かれた時、3世は11歳、ナヒエナエナは10歳でした。

3点目は「**レイメーカー**」と題された作品です。レイを作る可憐な少女を描いた作品は美術館の目玉のひとつ。1901年、アメリカ人画家によって描かれました。

以上の3作品を観るだけでも美術館を訪れる価値があるほか、「ハワイ芸術」をテーマにした展

1. カメハメハ３世とナヒエナエナの油絵は 1825 年に描かれた作品。イギリス人画家ロバート・ダンピアー作　**2**.「レイメーカー」（テオドラ・ウォアス作）　**3**.18 歳以下は入場無料だ

示室も充実。先史時代から現代までのハワイの芸術品を、間近に鑑賞することができます。同美術館の凛とした静寂のなか、ハワイ&世界の芸術作品を楽しむのも、暑い昼下がりのおすすめの過ごし方でしょう。

知っトク! NOTE

❶ 1853 年、ホノルル生まれ。マノア・ヘリテージセンター創設者（→ P. 106）のサム・クックは、アンのひ孫。

❷高貴な王族の血統を保つため、昔のハワイではきょうだい同士の結婚が許されていました。ナヒエナエナは３世の子を出産しましたが、赤ん坊は２時間後に死亡。ナヒエナエナも３ヵ月後に死去し、３世が悲嘆に暮れた話は有名です。

Honolulu Museum of Art
ホノルル美術館

- 900 S. Beretania St., Honolulu
- 水曜～日曜 10:00 ～ 18:00。金曜・土曜は～ 21:00（月曜・火曜は休館）
- $20
- ベレタニアストリートとワードアベニュー角
- URL honolulumuseum.org

ハワイ文化の殿堂

ビショップミュージアム

必見のハワイアンホール

文化を学ぶハワイの旅で、絶対に見逃せないのがビショップミュージアム。先史時代から王国時代までのハワイのお宝を一堂に集めた、ハワイが誇る博物館です。

もともとは1889年、カメハメハ一族の末裔だった**バニース・パウアヒ王女を記念する博物館**として、王女の夫であるチャールズ・ビショップ氏が設立しました。

当初は王女の遺した宝物を中心に構成されていましたが、ハワイ王国崩壊後は各王族の遺物やイオラニ・パレスが所有していた宝物が加わり、コレクションが拡大。後にポリネシア&太平洋地区の遺物も集められ、今では2500万点以上を収蔵しています。

広い敷地内にいくつもの展示ホールがあるなか、いちばんの見どころはハワイアンホールでしょう。吹き抜けの3フロアのうち、1階は神々がテーマ。先史時代の神像や原始宗教（↓P.25）にまつわる遺物が集められ、今では**世界に3体しか残っていない、高さ数メートルもの神像**も展示されています（**NOTE❶**）。

ハワイの宝物殿ともいえそうな文化施設。日本語プログラムも充実している

2階は、先史時代の生活に密着したコーナー。生活道具や工芸品、フラの楽器などが集められ、大昔のハワイの生活を立体的に学ぶことができます。

また3階の王族のコーナーには、カメハメハ大王を含む王族たちの貴重な遺物が展示されています。必見は、**カメハメハ大王の羽毛のマント**。ハワイ固有の小鳥マモ（NOTE❷）の羽を45万枚使って作られており、羽を集めるだけで何十年もかかったとか。ちなみに1階には別途、ハワイ島の大首長からイギリスのクック船長に贈られた羽毛のマント（NOTE❸）も飾られています。

うれしい日本語のプログラムも

博物館のほかの見どころとしては、太平洋の島々をテーマにしたパシフィックホール

（旧ポリネシアンホール）、ハワイの火山や海底の様子、動物など自然にフォーカスしたサイエンス・アドベンチャー・センター、ハワイの夜空が学べるプラネタリウムなど。ハワイ&ポリネシアの文化や歴史、自然をさまざまな角度から学べる展示が充実しています。

さらにうれしいのは、同博物館には有料・無料の日本語プログラムが用意されていること。著名なフラの師から学ぶフラレッスンやレイメイキング、日本語による館内ツアーを、ぜひ楽しんでみましょう。

以上のように、展示を「観る」のに加え、実際に「体験」しながらハワイが学べるビショップミュージアム。駆け足の見学ではなく少なくとも半日を過ごすつもりでゆっくり訪問したい、とっておきのカルチャースポットといえるでしょう。

知っトク! NOTE

❶カメハメハ大王が死去した直後の1819年、神殿や神像がことごとく破壊されました（→P.25）。そのため高さ数メートルもの神像はビショップミュージアム、大英博物館、マサチューセッツ州のピーボディ・エセックス博物館に残る3体だけに。

❷ハワイ固有種でミツスイの仲間。すでに絶滅。

❸1779年、カメハメハ大王の伯父カラニオプウからクック船長に贈られました。

1.3 階まで吹き抜けのハワイアンホール。携帯電話で QR コードを読み取ることで、日本語オーディオガイドが利用できる　**2**. 世界に 3 体しか残っていない神像のひとつ

Bishop Museum
ビショップミュージアム

- 1525 Bernice St., Honolulu
- 9:00 ～ 17:00
- $28.95 ほか
- ダウンタウン中心部から車で約 15 分
- URL www.bishopmuseum.org/ 日本語 /

Chapter

4

East Coast

東海岸

オアフ島のふたつの山脈のうち、島の東側にそびえるのがコオラウ山脈。対して島の西側に連なるのがワイアナエ山脈です。この章ではコオラウ山脈の麓のエリアでも島最東端に近いハワイカイ周辺から、島最北端に近いライエ岬まで、広大な東海岸を網羅しています。

コオラウ山脈の恩恵で水の豊富な東海岸には古くからハワイアンが定住し、特にカネオヘ湾周辺は島のなかでも歴史深い地域。背後に山、前面には遠浅の海が広がる風光明媚な土地柄、多くの神々の物語が紡がれた神話の里ともいえるでしょう。

なお本章でふれるスポット中、ハワイカイ周辺はカラニアナオレハイウエイ、またカネオヘ以降はカメハメハハイウエイに沿って紹介していますが、カイルア周辺の3スポットについては位置的にその順路から独立しています。訪問の際には留意ください。

女神の体の一部

ココ・クレーター

ハワイの住民でも、ココ・クレーターの位置を言葉で説明できる人は少ないもの。ココ・クレーターとココヘッドを混同している人が圧倒的なうえ、ココヘッドのなかにココ・クレーターがあると勘違いする人もいるほどです。

正確には、ココ・クレーターとココヘッドはまったく異なるふたつの山。ホノルル中心部から東に進み、ハワイカイに入って左側に見える小高い山がココ・クレーター。右側前方に位置する、なだらかで長い山がココヘッドです。もちろん、どちらもコオラウ山脈の一部。

それぞれの山にユニークな神話が伝わり、ココ・クレーターについては、それがハワイ島から飛んできた**女神カポ**（NOTE❶）**の秘部**だとの神話が残っています。

火山の女神ペレがハワイ島に住み着いたあとのこと。姉で呪術の女神カポと一緒に歩いていたところ、野豚の半神カマプアア（NOTE❷）が執拗に追いかけてきました。カマプアアは、下品な女好きの神として知られます。そこでカマプアアの注意をそらそうとカポが遠くに投げた秘部が、はるばるオアフ島に着地。それが今ではココ・クレーターと呼ばれる山なのだそうです。ちなみに**ココ・クレーターの古称は「コヘレペレペ」。ハワイ語でずばり「空飛ぶ女性器」**を意味しています。

1. 広大なクレーター内には植物園のほか厩舎などがある　2. 以前使われていた線路に沿って山頂まで続くトレイルも。難易度が高いので体力に自信がある人向け

なお近年はハイキングの名所として知られるココ・クレーターですが、クレーター内にはプルメリアの木の林で名高いココ・クレーター植物園も。5月～10月の開花シーズンには、プルメリアの花見客でにぎわっています。

知っトク！ NOTE

❶呪術の女神。フラと森の女神であるラカと関わりが深く、ラカの母であるとする説も。またカポとラカは同一の女神で、ダークな側面がカポ、ポジティブな面を示すのがラカだという説もあります。

❷ハンサムで毛深い首長や燃える目をした野豚の姿で人前に現れるとされ、女神ペレとは愛憎関係にありました。ふたりは一時、夫婦で子供を儲けたという話も伝わります。

Koko Crater
ココ・クレーター

H1 フリーウエイを東進し、フリーウエイが終わる頃、左側に見えてくる

粗相を恥じた神の姿

ココヘッド

ココヘッドの標高は192m。隣のココ・クレーター（標高368m）に比べて、なだらかな山並みが特徴です。その**古称はモオクアア・オ・カネアプア。ハワイ語で「カネアプアの背骨」**を意味しています。

カネアプアとは、ハワイ四大神のカネとカナロアの弟（NOTE❶）。**罪を犯したカネアプアが自らを恥じ、ココヘッドに変化（へんげ）した**との神話が残っています。

大昔のこと。カネとカナロアがカネアプアに命じました。「ココ・クレーターの山頂近くの泉から、水を汲んできてほしい」。その際、絶対に山で小便をしてはならないと厳命したのですが……。カネアプアは、その命令を破ってしまったのです。こっそり山で立小便しても誰にもわかるまい。そう思っての愚行だったのかもしれません。ですが不思議なことに、山頂近くの泉はそれきり干上がってしまいました（NOTE❷）。そう、カネアプアは山を汚してしまったのです。

ふたりの兄たちはカネアプアが約束を破ったことを悟って激高し、何もいわずに山を去っていきました。

そんな自分の愚かさを心から悔やんだカネアプアは、自らを恥じて山になりました。それがあの

1. 左側がココ・クレーター、右側のなだらかな山がココヘッド。一帯のエリアの地名はマウナルア（「ふたつの山」）という　2. マウナルアという地名に沿ってそれほど高くないココヘッドも（丘ではなく）山と称されている

ココヘッドなのだとか。

山全体ではなく山頂近くの小高い丘を「カネアプアの背骨」と呼ぶ人もいますが（NOTE❸）、いずれにしろ、哀れなカネアプアにゆかりの山なのは確かです。

知っトク！NOTE

❶四大神のうちカネとカナロアは兄弟だとする説、また仲のいい友人だというふたつの説があります。

❷四大神のなかで淡水を司るのがカネ。ですがカネアプアにまつわる物語のなかでは、山の泉が干上がったことへのカネの関与は語られていません。

❸ホノルル市の公式サイトではココヘッド全体の古称を「モオクアア・オ・カネアプア」としており、ここではその解釈に従っています。

Koko Head
ココヘッド

H1 フリーウエイを東進し、フリーウエイが終わってしばらくすると右側に見えてくる

悲しい「サメの事件」の舞台

ポートロックビーチ

ポートロックはオアフ島でも指折りの高級住宅地。その名称は1786年、この地に立ち寄ったイギリスの**ナサニエル・ポートロック船長**（NOTE❶）にちなんでつけられたものです。

実はポートロックの海辺は、ココヘッド、ココ・マリーナなど「ココ」で始まる近隣の地名にまつわる神話の舞台でもあります。**ココはハワイ語で「血」を意味し、一帯にはサメにまつわる恐ろしい神話**が残っています。

大昔のこと。この土地に住む首長夫妻を、娘が訪ねてきました。娘は生まれて間もなく養女に出されていたので、実の親に会ってみたいと遠路はるばるやってきたのです。あいにく両親は不在だったため、娘は庭のサトウキビを食べながら待つことに。ところが両親の帰りは遅く、退屈した娘がひと泳ぎしようと海に出かけたところ、どこからともなくサメが襲来！　サメはあっという間に娘を噛み殺し、一帯の海は娘の血で真っ赤に染まったのでした（NOTE❷）。

実は娘を襲ったのは、ただのサメではなくサメの神でした。サメの神は日頃から首長夫妻に、「庭の作物を勝手に食べる者がいたら退治してくれ」と頼まれていたのです。そのため娘が首長夫妻の実の娘とは露知らず、娘を噛み殺してしまいました。このできごとのあと、周辺の土地はココ●●

1. ポートロックの海辺への入口はこのサインが目印 2. まさに波打ち際にそって豪邸が並ぶ。静かな住宅地なので大勢での訪問は避けたい

と呼ばれるようになったということです。

この哀れな娘の両親が住んでいたのが今、ポートロックと呼ばれる海辺の土地。かつてココと呼ばれるカヌー発着場があり、事件はそのすぐそばで起きたそうです。

知っトク! NOTE

❶ハワイ島でイギリスのクック船長が1779年に殺害されたあと、初めてハワイを訪れたイギリス人。ポートロックの地名は1936年に一帯の開発が始まった際、地主だったビショップ財団（現カメハメハスクール財団）の理事で歴史家のアルバート・ジャッドにより命名されました。

❷サメに襲われたのは娘ではなく男性だったという別の説もあります。またココという地名は一帯の赤土に由来する、との説も。

Portlock Beach
ポートロックビーチ

カラニアナオレハイウエイを挟んでココ・マリーナ・ショッピングセンター向かい側

カイルアまで地下水路で続く？

ココ・マリーナ

真っ白なボートが並ぶココ・マリーナ・ショッピングセンターといえば、ハワイカイ地区の人気スポット。地元住民はもちろん旅行者にもおなじみのエリアですが、このマリーナが実は**昔の養魚池を利用して造られている**といえば、驚く人も多いのではないでしょうか。以前は**クアパ養魚池、またはケアフプアオマウナルア養魚池**として知られていました。

本書にしばしば登場する養魚池とは、天然のラグーンを石の壁で囲んだ大きな池（NOTE❶）をさします。ハワイには昔、500を超える養魚池があり、なかでもこのクアパ養魚池は523エーカーとハワイ最大級の養魚池でした。かつては1.5kmもの長さの石壁で囲まれていたといいますから、驚きです。

古い養魚池のご多分に漏れず、この池もハワイの**小人族メネフネにより造られた**との伝説が。**大トカゲの半神モオが守っていた**、という物語も知られます。

またこの池がカイルアのカエレプル池（現在のエンチャンテッドレイク）（NOTE❷）と地下水路でつながっている、という興味深い言い伝えもあります。一方の池からある種類の魚の群れが消えると、もう片方の池に出現するという現象が、今なお続いているのだそうです。

1. 実は古代の養魚池の跡に造られたマリーナ　2. 航空写真を見るといかにクアパ養魚池が広大だったかがよくわかる

こういった神秘の物語を知って眺めてみると、陽光あふれるおしゃれなココ・マリーナが、まったく違った姿で目に入ってくるから不思議です。信じるか否かは、もちろんその人次第ではありますが……。

知っトク！NOTE

❶石垣の一部に木柵を設け、細い柵の隙間から入ってきた幼魚が成長後、柵から出られなくなるという自然の原理で魚を隔離していました。養魚池の多くは王族が所有していました。

❷カイルアの住宅地にある池。1960年代に周辺開発のため一部埋め立てられ、今では往時の半分以下の大きさになっています。

Koko Marina
ココ・マリーナ

7192 Kalanianaole Hwy., Honolulu
H1 フリーウエイを降り直進して左側

大トカゲの悲話が残る

ハナウマ湾

王族の漁場だった過去

3万2000年もの昔、火山の火口が海に沈んで形成されたハナウマ湾。古来優れた漁場として知られ、**王族専用の漁場**だった時代もあります（NOTE❶）。19世紀半ばからはカメハメハ大王の娘カママル王女など、王族が代々所有してきました。

もっともハナウマ湾とハワイアンの関わりは王国時代をはるかに遡り、1000年以上前から、この海をハワイアンが頻繁に訪れていたことがわかっています。

一帯からは数々の史跡が発掘されており、例えば背後の崖の洞窟からは釣り道具やペトログリフ（NOTE❷）が発見されているほか、**魚の神にささげる祭壇**が見つかったことも（NOTE❸）。

真水が確保できなかったため集落こそできませんでしたが、ハナウマ湾一帯は今も昔も、ハワイアンにとって特別な土地だったことは確かでしょう。

湾を囲む丘は大トカゲの半神モオが変化（へんげ）したものとか。湾の入口右側の丘は、確かに大トカゲの姿に見える

ハナウマという地名の由来

歴史深く風光明媚な土地には、神話がつきもの。ハナウマ湾にも、**大トカゲの半神モオの娘にまつわる以下の悲しい神話**が残っています。

昔々の大昔。この海辺を守っていたモオには、美しい娘がいました。近隣の首長ふたりが娘に結婚を申し込んでいましたが、そのうちのひとりだけを選ぶことができず、ある日娘は宣言したのです。「私はふたりのうち、ウマの競技の勝者と結婚します」

ウマとは、腕相撲にも似た古代の競技のこと。娘の愛を求めてふたりの首長はさっそく腕を組み合わせ、真剣勝負が始まりました。

ですがふたりの力は互角で、なかなか勝負がつきません。脂汗を流しながら勝負するふたりを前につらくなった娘は、神に懇願しました。「どうぞ私を丘に変えてください。ふたりが平等に私を眺めていられるよう……」

その願いは聞き入れられ、神は娘を丘に変えてやりました。丘になった娘を見て父親は嘆き、自ら丘になりました。こうしてできあがったのが、ハナウマ湾を取りまく小高い丘だとか。つまりあの丘は、**モオの親子の似姿**というわけです。

なお「ハナウマ」という地名の意味にはふたつの解釈があり、ひとつは**「湾曲した湾」**という、地形にちなんだ名とする説。もうひとつが**「ウマ競技の湾」**という解釈です。「ウマ競技の湾」の由来にも、前述の神話に由来するという説と、19世紀の故事にちなむという2説があります。

後者によれば、カメハメハ大王の妻カアフマヌ妃がこの地を訪れた際、余興にフラやウマを披露して王妃を大歓迎したとか。歓迎の宴はなんと1ヵ月も続き、それ以来、この土地はウマの湾（ハナウマ）と呼ばれるようになったということです。

知っトク！NOTE

❶特にカメハメハ大王の孫にあたるカメハメハ５世は、ハナウマ湾がお気に入りの釣りスポットでした。現在は海洋資源保護区となっているため、ハナウマ湾での釣りは禁止。

❷岩に刻まれた絵文字。

❸魚の神を祀る祭壇は岩またはサンゴで造られ、漁師はその日の最初の獲物を祭壇にささげる習慣がありました。ただしハナウマ湾にあった祭壇はすでに破壊され、今は残っていません。

1. 入口近くにはハナウマ湾の歴史から貴重な海の資源が学べる学習センターも **2**. ハナウマ湾訪問は予約制。ただし 1 日 300 枚の当日券も用意されている

Hanauma Bay State Park
ハナウマ湾州立公園

- 7455 Kalanianaole Hwy., Honolulu
- 水曜～日曜 6:45 ～ 15:00（月曜・火曜休園）。入園は～ 13:30、駐車場は～ 16:00）
- $25（要予約）
- ココ・マリーナから車で約 10 分
- URL pros8.hnl.info/hanauma-bay

遠くモロカイ島を望む巨岩

ペレの椅子

ハナウマ湾を過ぎて車で東に進むこと、約15分。右側に広がるマカプウ岬（NOTE❶）の断崖には、俗に**「ペレの椅子」**として知られる巨岩が鎮座しています。

神話によれば、火山の女神ペレが終のすみかを探して島から島に渡った時（↓P.98）、このマカプウ岬から隣のモロカイ島に渡っていったとか。

オアフ島東端にあるマカプウ岬から、晴れた日には40㎞先のモロカイの島影が望めます。ペレもこの場所でモロカイ島を見出したあと、オアフ島を出立したのかもしれません。

また椅子は椅子でも、この岩を**「クイーンの椅子」**と呼ぶ人もいます。岩のある崖の下に広がるビーチが、かつてクイーンズ・ビーチと呼ばれていたためです（NOTE❷）。

もっとも崖下のビーチはかつてそのエリアに牧場を持っていた実業家、アラン・デイビス（NOTE❸）の名をとってアラン・デイビスビーチと一般的に呼ばれているため、今ではクイーンズ・ビーチの名を知る人は少なくなりました。

一方、従来の岩のハワイ語名は意外にもペレ神話とは関わりがなく、「**カパリオカモア（鳥の崖）**」。岩全体が鳥の横顔に見えることからその名があります。

1. ペレの椅子。実はいくつかの岩が組み合わさったものだ
2. 崖下に広がるクイーンズ・ビーチ（別名アラン・デイビスビーチ）

いずれにしろ、古来、この巨岩が人々の目を引きつけ、想像心を刺激したのは紛れもない事実。好奇心が勝って岩に登ったり名前を彫ったりというタブーを犯す人がいますが、遠くから眺めるくらいが安全でしょう。

知っトク！NOTE

❶岬の先端には沿岸警備隊の灯台があり、そこがオアフ島最東端。岬下の海岸線を含む一帯がカ・イヴィ州景勝海岸線と名づけられ、州立公園となっています。

❷ 1960 年代に一帯の海岸の開発を目論んだヘンリー・カイザーにより名づけられました。ただし開発計画は頓挫。

❸デイビスが所有していたワワマル牧場は 1946 年の大津波で壊滅しています。

Pele's Chair
ペレの椅子

マカプウ灯台へと続くトレイルへ（トレイル入口の駐車場はカラニアナオレハイウエイ沿い）。トレイルは途中でふたてに分かれ、一方が灯台、一方が崖下のビーチへの道。ビーチから間近に眺められるほか、トレイルからも遠望できる

COLUMN

女神マカプウ

マカプウ岬やマカプウ・ビーチなど一帯に名を残す**マカプウとは、この地にすんでいたとされる女神の名前**（NOTE❶）。**マカプウは「飛び出た目」**を意味し、その名のとおり女神は飛び出た目をもつ恐ろしい姿をしていたそうです。火山の女神ペレの末の妹ヒイアカの物語（NOTE❷）に、その描写があります。

神話によれば、マカプウは頭に8つの飛び出た目をもっていたとか。ヒイアカがカヌーでこの地にやって来た時、一行はビーチに座っていたマカプウに遭遇。マカプウは一行のためにかいがいしく食事を用意しましたが、あまりに恐ろしいマカプウの様相におののき、ヒイアカの同行者たちはそそくさと去っていきました。ヒイアカだけはマカプウの招きに応じて、食事をともにしたということです。

ちなみに一説によれば、マカプウ岬先端の崖下（NOTE❸）には昔、マカプウの石像とされる不思議な形の岩が立っていたそうです。頭の部分に8つの出っ張りがあり、しかもその出っ張りは石炭のように真っ黒な岩でできていたため、まるで目のように見えたとか。

1925年のハワイ語新聞「ホク・オ・ハワイ」に、実際にその岩を見たというフラ教師の話が載っていますが、残念ながら今はもう岩の行方は知れません。それは彫られたものではなく、自然岩だったよう。

ミステリアスな女神マカプウの像、ぜひ見てみたかったものです。

知っトク! NOTE

❶女神マカプウはタヒチからオアフ島に移ってきたとされます。

❷ヒイアカはハワイ島からカウアイ島に向かう長旅の途中（→ P.18）、モロカイ島から海峡を渡ってオアフ島へ。その際、上陸したビーチがマカプウでした。

❸岬先端の崖の中腹、海から120 mの高さに灯台が建っています。マカプウの石像はその崖下にあったとされます。

ウサギにゆかりの島

マナナアイランド

マカプウ岬の先に浮かぶマナナアイランドは、**通称ラビット・アイランド**。岸から見た姿がウサギの横顔によく似たことからその名がある……わけではなく、以前、実際に島でウサギが放し飼いにされていたことから、この俗名があります。

島にウサギが放されたのは1880年代。近郊のワイマナロ地区のサトウキビ農場経営者（NOTE❶）が食用としてウサギを飼育することを思いつき、マナナアイランドにウサギを放逐しました。もちろん、島外から仕入れたウサギです（ハワイにはもともと、ウサギはいませんでした）。

採算が合わなかったためやがてビジネスを目論んでのウサギ飼育は終了しましたが、ウサギはそのまま放置され、長い間、島で生き延びていたよう。最後のウサギは1970年代にハワイ州により駆除され（NOTE❷）、マナナアイランドは今、その手前にある小さな**カオヒカイプ島とともに州の海鳥保護区**となっています。

なお、この島にハワイアンが定住した形跡こそないものの、いくつかの重要な史跡が見つかっています。**魚の神のための祭壇**（↓P.134）もふたつ。周辺は魚影の濃い海域なので、かつてハワイアンが漁のために島に渡ったことは確かでしょう。また**古代の埋葬場**が数ヵ所あり、古い遺骨も

多数のウサギが取り残され 100 年近くも生息していたマナナアイランド。奇しくもウサギの横顔によく似ている

見つかっています（NOTE❸）。

対岸のマカプウビーチから島までは1㎞ほどの距離なので、つい渡ってみたい誘惑にかられますが、島への上陸はご法度。一般の立ち入りは禁止されています。

知っトク！NOTE

❶ワイマナロ・サトウキビ農場を営んでいたジョン・カミンスの父はイギリス出身の実業家、母はハワイ王族のひとり。ジョンの妻も王族の一員でした。

❷島の緑を食べ尽くしながら 100 年近く生息していましたが、ハワイ固有の鳥たちと共存できなかったため州により駆除されました。

❸昔のハワイでは人里離れた場所に遺骨を隠す習慣がありました（→ P.64）。一部は頭蓋骨に傷がある、殺害されたらしき女性の遺骨だったよう。

Manana Island
マナナアイランド

カラニアナオレハイウエイ沿いから広範囲で見える

サメの神にアヴァ酒をささげた岩

ポハク・パアキキ

人気の海洋施設「シーライフ・パーク」からワイマナロ側に少し進んだ海側には、地元の家族連れでにぎわう浅瀬のビーチが広がっています。**カウポビーチ**（NOTE❶）や**ベイビー・マカプウ**（NOTE❷）、**コックローチベイ**（NOTE❸）など、ビーチの呼び名はさまざま。

岩で囲まれた天然のプールは磯遊びに最適なうえ、浅瀬にはサメの神の伝説にまつわる岩がひとつ。言い伝えによればこの岩は、**サメの神への祭壇代わり**に使われていたそうです。

大昔、ビーチの山側に住んでいた老農夫ふたりが毎日、アヴァ酒（NOTE❹）を岩に供え、サメの神に祈祷をささげていました。アヴァ酒を供えるや否や、どこからともなく大ザメが現れ、供物を飲み干していくのでした。

その様子を見ていたのが、老農夫の近所に住む底意地の悪い男。男は単に老農夫への嫌がらせのため、小さなサメを釣っては切り刻み、わざわざ岩のところで海に投げ捨てるという愚行を繰り返したのです。

そんな男の振る舞いに激高したのが、アヴァ酒を愛するサメの神でした。ついに男を食い殺したところ、男の体のあまりの悪臭に辟易。「未来永劫、自分を筆頭にこの海のサメは人を食べない」

1. 背後に見えるのはマカプウ・リサーチ・ピア
2. 地元住民によれば以前は平らな岩だったが、ある時岩の片方が崩れて岩の突端だけが海面に顔を出すようになったという

と誓ったので、それ以来、一帯の海ではサメの事件が起こらなくなったということです。
このサメの神への祭壇はポハク・パアキキと呼ばれ、今も静かに海辺に横たわっています。

知っトク！NOTE

❶カウポとは「夜の着陸点」の意味。

❷近くのマカプウビーチは波が荒い一方、このビーチは子供が遊ぶのに適していることから。

❸詳細不明。カニなど砂を歩き回る生物が多いから、訪問者のゴミが多いからなど諸説があります。

❹アヴァの木の根から造る飲み物。アルコール分はないものの鎮静作用があり、昔は酒代わりにアヴァを飲む習慣がありました。正確にはアヴァ茶。

Pohaku Paakiki
ポハク・パアキキ

ハナウマ湾方面から行く場合、マカプウ・ビーチパーク入口から車で１分ほど進み、カウポ・ビーチパークの駐車場へ。駐車場端から数分歩くと波打ち際に岩がある

女神マルラニの守る海

ヘエイア

ペレ一族の悲しい物語の舞台

エメラルドグリーンの水色と珊瑚礁で知られるヘエイアの海は、オアフ島指折りの神秘的なスポットでもあります。ヘエイアとの地名も、神々とのディープなつながりを示すもの。

まずヘエイアとは直訳で**「押し流される」**を意味し、そもそもは受胎や出産など母性を司る**女神ハウメア**（NOTE❶）**の養子の名**。ハウメアがクアロア（↓P.158）の首長の孫を養子に迎えた時、かつて津波で海に流されたハウメアの経験を記念して命名されたといわれます。ハウメアが津波に遭ったまさにその場所が、ヘエイアでした。

珊瑚礁や小さな島がいくつも浮かぶヘエイアの海はまた、火山の女神ペレの妹**マルラニの守る海**とも伝えられています。

ペレのいちばん下の妹カオヘロが死に、その遺体がペレによって各島の火山地帯に撒かれたことに（NOTE❷）、大きな衝撃を受けたマルラニは、遠くラナイ島（NOTE❸）で自死してしまいます。それを知ったカオヘロの娘は、ラナイ島に赴いてマルラニの亡骸を引き取り、ヘエイアへ。海に

しばしば「天国の海」とも呼ばれるヘエイアの海は女神の守る海でもある

葬られたマルラニの体は海中でばらばらになり、海底に沈みこんで砂地や陸地を作りました。それが今もヘエイアの海周辺に点在する、珊瑚礁や小島の数々なのだとか。

そんなわけで、女神マルラニが今なおヘエイアの海を守護しているのだそうです。

天国と地獄を分ける岬

ヘエイア沖に突き出す**ケアロヒ岬**にも、スピリチュアルな伝説が残っています。岬は古来、土地のハワイアンが**あの世に飛び立つスポット**と信じられてきました。

集まってきた魂はここで左右に分けられ、善良な魂は岬の左側、邪悪な魂は右側へ。つまり岬の左側が天国、右側が地獄。**岬は、天国と地獄の分かれ目**ということになります。

ユニークなのは、この伝説が土地の名にも

反映されていることでしょう。岬の左側は「白のヘエイア」を意味するヘエイア・ケア、右側は「黒のヘエイア」を意味するヘエイア・ウリと呼ばれています。

岬から左には遠浅の澄んだ海が広がるのに対し、右側の海には藻が生え、どちらかというと全域が茶色くくすんで見えることも、そんな伝説の生まれる下地になったのかもしれません。岬の左下には今、ヘエイア・ケア・ボートハーバーが。右下には、ヘエイア養魚池があります。

なおケアロヒ岬は今、全域がヘエイア州立公園として整えられており、ビジターセンター&集会場があるのは、かつて聖なるカラエウラウラ神殿が建っていたところ。周辺にはパンノキやククイなど、古代ハワイの生活に欠かせなかった植物もたくさん植えられています。神秘の海を眺めながら、散策してみてください。

知っトク! NOTE

❶火山の女神ペレの母。大地の女神パパと同一視されることがあります。

❷火山地帯にだけ生えるオヘロの実はカオヘロの化身。女神ペレに帰属する聖なる実なので、ペレにささげてから食べないと火山が噴火するといわれます。またカオヘロの遺体は本人の遺言によりキラウエア火山に葬られたとの言い伝えもあります。

❸マウイ島の14キロ先にある島。

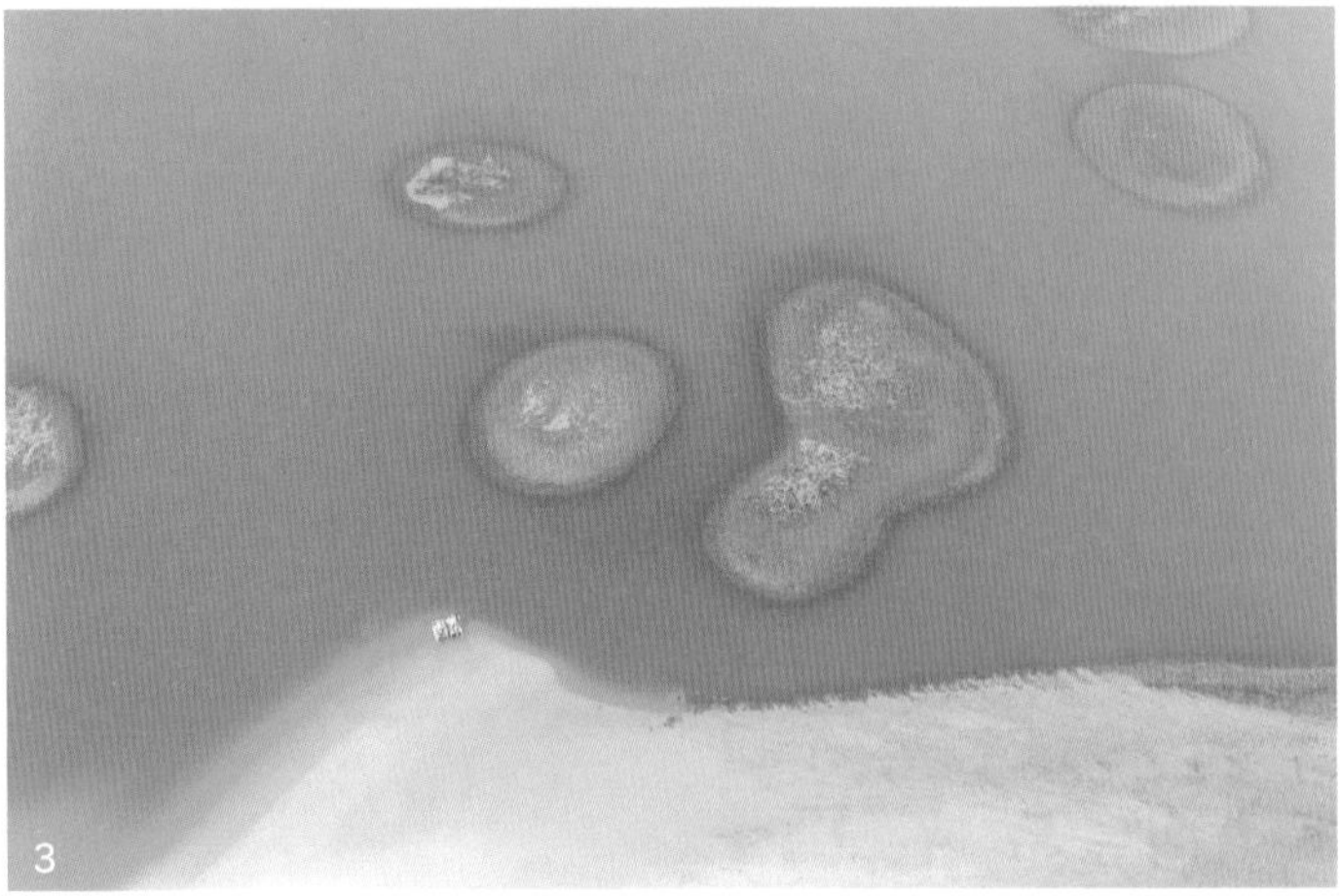

1. 魂があの世に旅立つというケアロヒ岬の先端には今、祭壇が造られている　2. 岬全体に広がる州立公園にはさまざまなハワイの植物が。写真はハワイアンの第 2 の主食、パンノキの実　3. 湾に点在するサンドバーや珊瑚礁は女神の体の一部だったかも？

Heeia
ヘエイア

46-465 Kamehameha Hwy., Kaneohe（ヘエイア州立公園）
ウィンドワードモールからカメハメハハイウエイ沿いに車で約 7、8 分
URL www.heeiastatepark.org/

大トカゲとエイが守護する池

ヘエイア養魚池

ケアロヒ岬の右隣にあるヘエイア養魚池は、長さ2㎞もの石垣で囲まれた、地域の象徴ともいえる史跡。カネオヘ周辺におよそ30の養魚池があったなかで、**最大にして一番生産量が高かったのがヘエイア養魚池**でした。

誰の命によって造られたかは不明ですが600年〜800年前に建設され、19世紀半ばには、カメハメハ一族の末裔、パウアヒ王女（NOTE❶）が所有していたことがわかっています。

ヘエイア養魚池は古来、**大トカゲの半神モオ**（→P.58）、**そしてアカエイの精というふたりの守護神に守られている**と信じられてきました。モオの名は、マヘアヌ。大トカゲのほかカエルやウツボにも変化（へんげ）できる、女性のモオだそうです。養魚池の岸辺には以前、ハウの木（NOTE❷）が群生しており、マヘアヌのすみかがあったのがハウの林の下でした。

養魚池はまた、ルペキアイヌイという、巨大なアカエイの精によっても守られているとか。大昔、たびたび魚が盗まれることに頭を痛めた養魚池の管理人に頼まれ、養魚池の周囲をパトロールするようになったルペキアイヌイ。盗人をつかまえては、沖合のサメに餌として与えた……ということです。

長さ 2kmもの石壁で囲まれた養魚池はカネオへ最大。手前は前項に登場したケアロヒ岬

時は移り、今では養魚池はNPO団体「パエパエ・オ・ヘエイア」によって管理&復元され、アマアマやモイなどたくさんの魚が育っています（NOTE❸）。姿こそ見えませんが、大トカゲやアカエイの守護神が、今なお池を守っているのかもしれません。

知っトク！NOTE

❶カメハメハ大王のひ孫。ヘエイア養魚池は今、パウアヒ王女の遺産を管理するカメハメハスクール財団（→P.80）が所有しています。

❷ハイビスカスの仲間で海辺、川辺に多く生える植物。女神ハウメアの化身。

❸商業ベースでの魚の生産はまだ実現していませんが、唯一、大型のサモア蟹が販売されることがあります。

Heeia Fishpond
ヘエイア養魚池

46-077 Ipuka St., Kaneohe

ヘエイア州立公園から全容が見られる。養魚池への立ち入りは禁止

URL paepaeoheeia.org

COLUMN

古代ハワイにもあった飢餓

たくさんの海の幸、山の幸を前に笑いさざめきながら宴会を楽しむ老若男女。古代ハワイの食生活といえば、そんな光景が頭に思い浮かぶかもしれません。ですがそれは、現代人が創りあげた幻想ともいうべき構図。少なくとも食に関しては、「楽園ハワイ」のイメージとはかけ離れた厳しい現実がありました。

実際、昔のハワイでは飢饉も起こっており、**飢餓にまつわる神話**がいくつも残っています（NOTE❶）。農作物や魚が豊作だった年には首長のお触れで過剰分が集められ、干物にして不作の年に備えたという逸話も伝わるほか、臭みも苦味も強いノニ（NOTE❷）など、普段は口にしないいわゆる**飢餓食**のようなものも知られています。

気候のいいハワイとはいえ、すべて手作業だった古代の生活のなかでは、畑仕事もたいへんな重労働。害虫やハリケーンで作物が全滅することだってあったでしょう。しけが続き、漁に出られない日々も当然あったはずです。

そんな背景から、本書にたびたび登場する養魚池は昔、食の保全の観点からそれは重要なものでした。前項のヘエイア養魚池を好例に、庶民に土地所有が許された1840年代以降（NOTE❸）

も、養魚池のある海辺のエリアの大半が必然的に王族の土地だったのです。

その昔、養魚池の多くが大トカゲの半神モオに守られていると信じられたのは、養魚池の大切さの反映ともいえそうです。

知っトク! NOTE

❶四大神のひとり、クーがパンノキに変化（へんげ）してたくさんの実をつけ村人を飢餓から救った話、プナホウの泉の伝説（→ P.104）など。

❷多くの薬効があり強烈な臭みがあるため、食用ではなく薬用として用いられていました。ただし飢饉の際のみ、その実をゆでて食べることがありました。

❸カメハメハ３世の治世だった 1848 年、グレートマヘレと呼ばれる土地改革があり、庶民や外国人の土地所有が許されました。

女神ヒナが月に登った地

マエリエリの丘

魂が旅立つ地、ケアロヒ岬（↓P.147）後方には、**「月の女神が初めて月に登った地」とされる聖なる丘**があります。マエリエリの丘と呼ばれ、丘の頂上からはヘエイア湾が一望のもとに。

今では麗しい月の女神として知られるヒナ（NOTE❶）が、この丘から月に登ったのは、ヒナがまだ人間だった大昔のこと。ヒナの夫は意地悪で暴力的で、ヒナは日々、泣きながら暮らしていました。そんな様子を見ていた虹はヒナに同情し、大きな橋を太陽まで架けてくれたのです。

さっそく虹を登り始め太陽に逃れようとしましたが、太陽に近づくにつれ暑さに耐えきれず、ヒナは地上に戻るしかありませんでした。

そして数日後の夜、またも夫のひどい仕打ちを受けて家を飛び出したヒナ。思わずマエリエリの丘の頂きまで駆け登ると、今度は月にかけて見事な虹が架かりました（NOTE❷）。ヒナは虹をするすると登って無事に月に渡り、今では月の女神となって幸せに暮らしているということです（NOTE❸）。

なおマエリエリという丘の名前自体にも、神々の逸話が残っています。**マエリエリはハワイ語で「掘る」**。四大神のカネとカナロアが指を土に突きたて掘るようにしながらこの険しい丘を登る競争

ケアロヒ岬にほど近いヘエイア・ケア・ボートハーバーから見上げたマエリエリの丘

をしたため、その名があるとか。
さらにマエリエリを、一帯の養魚池を守る半神モオの名前とする物語も。物語によればこの丘全体が、巨大な大トカゲ（マエリエリ）の姿なのだそうです。

知っトク！NOTE

❶半神半人マウイの母で、女性らしさあふれる女神。ポリネシア各地にヒナ＆マウイの神話が残っています。

❷夜の虹であるムーンボウは、ハワイ語でアヌエヌエ・カウ・ポー（アヌエヌエ＝虹）。

❸ヒナはカパ布（木の皮から作る布状の紙）作りの名手。月にたなびく雲を見て、ハワイの人々は「あれはヒナの作ったカパ布だ」と形容したりします。

Puu Maelieli
マエリエリの丘

ケアロヒ岬のほかヘエイア・ケア・ボートハーバーから一望できる

ハワイアン民族発祥の地

モカプ半島

ケアロヒ岬の前方、ヘエイア湾に細く延びるモカプ半島は、知る人ぞ知る創世神話の舞台。今ではアメリカ海兵隊基地があるため一般人が入れないのが残念ですが、モカプ半島こそが**ハワイアン発祥の地**だとする物語が残っています（NOTE❶）。

気の遠くなるような昔のこと。四大神はヒョウタンからこの世を創りあげたあと（NOTE❷）、モカプ半島にやって来ました。半島の土で人間を創り、この世を支配させようと考えたのです。まずは海の神カナロアが土人形を形作ったものの、土人形はカナロアの呼びかけに応えずそのまま石になってしまいました。

そこで今度は、生命や水を司る神カネが挑戦。カネが形のよい土人形を作り神々が口々に起きあがるよう呼びかけると、土人形はムクムクと起き上がり、人間の男になりました。この男を始祖として、ハワイアン民族が島々に広がっていったということです（NOTE❸）。

ちなみにモカプという半島の名は、**「タブーの半島」**を意味するモク・カプが訛ったもの。少なくとも16世紀以降、**半島は王族に属する神聖な地とみなされていた**ほか、18世紀末にハワイ島のカメハメハ大王がオアフ島を征服した以降は王族の寄り合いの場となり、あらためて立ち入りが禁止

カイルア側から見たモカプ半島。ヘエイア州立公園を含むカネオへ側からは半島を逆から見ることになる

されました。
つまりは今も昔も、一般人の立ち入りが禁止されているモカプ半島。ハワイアンにとっての大変な聖地に軍事基地が設けられているというのも、皮肉な話ではあります。

知っトク! NOTE

❶ハワイの創世記は数種が残っており、民族発祥の物語もいくつかのバージョンが知られています。

❷四大神はヒョウタンからこの世を創ったとも、ヤシの実から創ったともいわれています。

❸男の肋骨から人間の女が創られたとの話もありますが、旧約聖書のアダムとイブのくだりに類似しているため、19世紀以降、キリスト教到来後に加えられたとの見方が主流です。

Mokapu Peninsula
モカプ半島

カネオへやカイルアの海辺から一望できる

オアフ島随一の聖地

クアロア

首長一族の居住地だった過去

多様なアクティビティが楽しめるクアロア・ランチ、紺碧の海など、クアロアという土地に楽しくエキサイティングな印象を抱く人が多いのではないでしょうか?

その実、クアロアは偉大なマナ（霊力）の漂う**オアフ島随一の神聖な地**として、古来、特別視されてきました。古くは**首長一族居住地**でもあり、島の首長の子供は幼少時からクアロアに集められ、武術や首長としての慣習を学んだのです。クアロアのあまりの神聖さに、沖を通るカヌーは皆、帆を下ろして土地に敬意を示したとか。

それは他島の首長の間にも浸透した慣習だったよう。ハワイ諸島統一以前の若きカメハメハ大王のカヌーがクアロア沖を過ぎる際にも、帆を下ろしたといわれます。

クアロアがいかに特別な土地か示す故事のひとつに、18世紀のオアフ島最高位の神官、カオプルプルと首長カハハナの有名な話があります。若きカハハナが、伯父にあたるマウイ島の大首長カヘキリからクアロアを譲渡するよう命じられた時のこと（NOTE❶）。カオプルプルは、口を極め

「パリクの山」として創世記にも登場するクアロアの山

て反対しました（NOTE❷）。

「クアロアを手放すのは、オアフ島全体を失うのと同じこと。クアロアを失えばあなたは権威を失い、もうオアフ島の長とはいえない。ほかのどんな命令を聞き入れても、クアロアだけはいけません！」

クアロアは、それほどまでに特別な土地なのでした。

創世記にも登場した古い土地

クアロアが神聖視される理由のひとつには、一帯の山が**首長一族の埋葬地**だったこともあります。これまで山の数々の洞窟から、副葬品とともに多数の遺骨が見つかっています。島の考古学者は未発見の洞窟が複数あると見ており、４００体前後の首長クラスの遺骨がこの山に眠ると推定しているとか。

実際、クアロア全体から石器類や装飾品など膨大な数の遺物が発掘されており、すぐ近くのクアロア・リージョナルパークから見つかったものだけで約1万6000点。そのためクアロア地区全体が、**国定史跡**に指定されているほどです。

クアロアはまた、神話の宝庫でもあります。**パリクとの古称で創世記にも登場**しているほか、**サメの神**が引き起こした津波の話、**小人族メネフネ**が造ったとされる泉や養魚池の話など、一帯に伝わる神話や伝説は多々。ハワイの英雄、**半神マウイ**がクアロアで永眠したとの話も残っています。

こういった史跡はクアロア・ランチ内のモリイ養魚池（NOTE❸）を除いて残念ながら残っていませんが、クアロアの聖なる空気は、昔も今もそのまま。偉大なる土地のマナを、ぜひ感じてみてください。

知っトク！NOTE

❶マナの漂う神聖な土地であることに加え、潮流の関係からクアロアにはクジラが流れ着くことがあり、希少価値の高いその歯を求めたためとも考えられています。

❷19世紀のハワイアン歴史家、カママルの記述より。

❸800〜1000年前に建築されたと推定されています。養魚池で生産されるカキは、クアロア・ランチ内で販売中。

1. クアロア・ランチ内のモリイ養魚池。背後にモカプ半島やモコリイ島が見える **2**. クアロア・ランチの駐車場には半神マウイの魔法の釣り針を模した高さ 15m のオブジェも **3**. かつて 1 万 6000 点の遺物が発掘されたクアロア・リージョナルパーク

Kualoa
クアロア

49-479 Kamehameha Hwy., Kaneohe（クアロア・リージョナルパーク）
ヘエイア州立公園から車で約 20 分

COLUMN

オアフ島を貫く地下道がある？

クアロア・ランチを訪れたときのこと。山の際に洞窟の入口をふさいだ跡があり、土地のハワイアンが「この洞窟はイオラニ・パレスの敷地まで続く地下道の入口とうわさされている」と教えてくれました。なんでも第2次世界大戦が勃発した際、日本軍に軍事利用されるのを防ぐためふさがれた、といわれているとか。

不思議なのは、イオラニ・パレス側にも似た話が伝わっていることです。宮殿の庭を入口とした**地下道の存在は**、かつて20年以上もイオラニ・パレス（→P.38）の館長を務めた故ジム・バーテルス氏（NOTE❶）や、歴史家でハワイ語の権威でもあるプアケア・ノグマイヤー氏（NOTE❷）などが言及しています。ノグマイヤー氏によれば、**洞窟はイオラニ・パレスの庭から、手の指のようにクアロアを含む島の各地に伸びているとのこと。**

イオラニ・パレスからクアロアまでは30㎞以上あるので、いかにも荒唐無稽な話に聞こえますが、可能性はゼロではありません。

というのも火山島であるハワイの島々には、ハワイ島キラウエア火山のサーストン溶岩トンネル（NOTE❸）をはじめ、各地に溶岩が流れてできたトンネルがあります。そのひとつで、やはりハワイ島のカズムラ洞窟（NOTE❹）は、なんと全長68㎞もの地下トンネル。

現在はあくまでも言い伝えレベルではありますが、オアフ島を貫く地下道の全容が日の目を見る日が、いつかやってくるかもしれません。

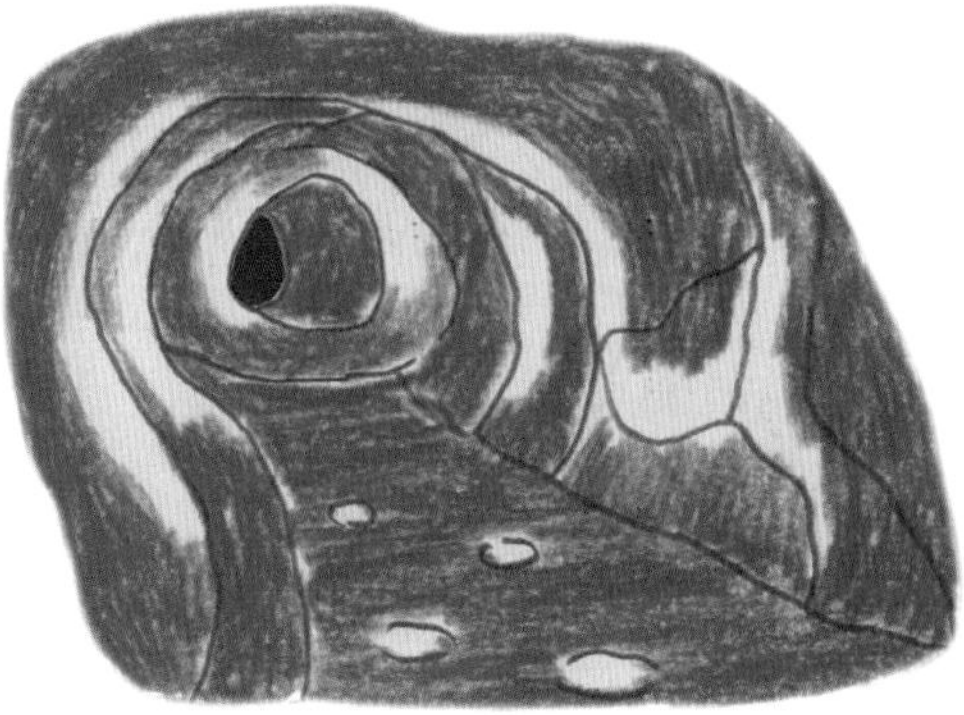

知っトク！NOTE

❶1975年から1998年までイオラニ・パレスの館長＆学芸員。

❷ハワイ大学ハワイ語学部前教授にしてハワイ歴史協会前理事長。

❸キラウエア山頂近くにある、約500年前に形成された溶岩トンネル。全長約180m。高さ6m以上の箇所もあります。

❹溶岩トンネルとしては世界最長。キラウエア火山裾野にあります。天井の高さは最大18m、横幅は最大21m。入口のひとつは私有地にあり内部へのツアーも催行中。

邪悪な大トカゲの尻尾

モコリイ島

クアロア・リージョナルパーク沖に浮かぶ小島は、通称、チャイナマンズ・ハット。中国人がかぶる帽子に似ていることからその名がありますが、本来のハワイ語名は**モコリイ島**といいます。**モコリイとは、クアロアを陣地にしていた大トカゲの半神モオ**の名。海辺を通る旅人を片っ端から襲い近隣で恐れられていたモコリイですが、ある日、大きな間違いをしでかしました。女神とは露知らず、ヒイアカ（↓P.20）に襲いかかったのです。

ヒイアカはそれまでにも各島でモオを退治してきた、勇猛な女神（NOTE❶）。獰猛なモコリイといえども、ヒイアカの敵ではありません。神通力を駆使してヒイアカがモコリイを空高く放り投げると、モコリイは地面に激突。あっという間に死んでしまいました。

続いて海辺を通る旅人のじゃまにならないよう、ヒイアカはモコリイの巨体を片付けることに。まずはその巨大な尻尾を切り落とし、思いきり海に向かって投げつけると、**尻尾は海に突きささって島になりました**。それが今、モコリイ島と呼ばれる小島です。

一方、残された体はそのままビーチとコオラウ山脈の間に横たわり、トレイルになったということです。

クアロア・ランチの高台から眺めたモコリイ島。背後にはモカプ半島が見える

ちなみにクアロア近郊を含むコオラウ山脈裾野の一部は海と山の距離が近く、道が狭いため、昔は旅人を待ち伏せする強盗がよく出没したとか。それが旅人を襲うモオ（NOTE❷）の伝説として残ったともいわれています。

知っトク！NOTE

❶ヒイアカは姉、女神ペレの思い人を迎えにカウアイ島に行く途中、ハワイ島ヒロのパナエヴァやワイルク川でモオを退治したのを皮切りに各島でモオや大ザメを退治。ホノルルのモイリイリでもモオを倒しています。

❷クアロアから車で約30分のライエ岬にも、海辺を通る旅人を待ち伏せして襲う大トカゲ、モオの神話が残ります。ただしそちらを退治したのはヒイアカではなく半神のカナ＆ニヘウ兄弟（→P.174）。

Mokolii Island
モコリイ島

クアロア・リージョナルパークの沖。カネオヘ〜クアロア沿岸から見える

火山の女神ペレ一族の一員

クラウチング・ライオン

ライオンが生息しないハワイですから、丘の上の巨岩が「クラウチング・ライオン（うずくまるライオン）」と名づけられたのはもちろん近代のこと。一方、ハワイ神話によれば、この岩は**犬の姿をした半神**だそうです。その名はカウヒケイマカオカラニ（天国の見張り役のカウヒ）。俗にカウヒと呼ばれています。

カウヒは**火山の女神ペレの親族**にあたり（NOTE❶）、一族がタヒチからハワイに移ってきた際（↓P.98）、天の見張り役としてオアフ島の崖の上に残されました。そして後年、ペレの妹ヒイアカがカウアイ島に向かう旅の途中、オアフ島の丘の上で眠るカウヒを目撃。

「カウヒよ、目覚めてください！」

そうヒイアカが呼びかけると（NOTE❷）、カウヒは目を覚まし、旅の道連れにしてくれと懇願しました。一族と離れ丘の上で眠り続けることに、カウヒは飽き飽きとしていたのです。

しかしその願いは聞き入れられず、カウヒは再びその場所に取り残されることに。それならばなぜ自分に呼びかけ、眠りを妨げたのか。カウヒは怒り、体中を覆っていた木や草の根を断ち切って立ち上がろうとしましたが、長い間うずくまっていたため体が動きません。せいぜい頭をもち上げ

ライオンではなく実は犬の姿の半神。もともとは火山の女神ペレ一族の一員だ

ることしかできませんでした。
そんなわけで今も崖の上にうずくまり、空を仰いでいるカウヒ。天を見張るという務めを果たしながら、また誰かが自分に声をかけてくれる日を待ち続けています。

知っトク！NOTE

❶カウヒはペレとヒイアカの祖父の兄弟。一方、カウヒはペレの一族ではなく四大神のカネに属する犬の半神とする説も。その説ではタヒチからハワイに連れてきたのもカネとしています。

❷旅の道連れだった人間の女性にカウヒの姿をはっきり見せるため、ヒイアカは眠るカウヒに「天の見張り役のカウヒよ、起きてください」と呼びかけたとされます。

Crouching Lion
クラウチング・ライオン

カメハメハハイウエイとケオプレイス（細い道。左側に路標あり）の角近く。クアロアから車で約7分

クジラにまつわる神話の舞台

アフプアア・オ・カハナ州立公園

神罰を受けたサーフィン好きの首長

カハナ湾の際にある州立公園の正式名称は「**アフプアア・オ・カハナ州立公園**」。アフプアアとは、山から海までを含む古代ハワイの土地区分のこと（NOTE❶）。公園はカハナ渓谷から海までを含み、カメハメハハイウエイを挟んで山側と海側の双方が州立公園として整備されています。

カハナは自然と神話の宝庫であり、海辺に残る有名な物語としては**女神ヒイアカと首長パラニの逸話**があります。

パラニはサーフィンの名手として知られたカハナの首長でした。この海でよくサーフィンを楽しんでいましたが、ある時サーフィン中にヒイアカを侮辱してしまったのです。

島を巡っていたヒイアカがカハナを通りかかった際、土地の長に敬意を示し「カハナのサーフィン首長、パラニよ」と呼びかけました。ところがパラニは相手の正体を知らないまま、失礼な言葉を返したのです。

「無礼な女よ、お前は誰だ？　私が今、妻とサーフィンを楽しんでいて忙しいのがわからないのか」

座礁したクジラの神話が残る遠浅の海。サンドバーが出現することも

その結果、ヒイアカに岩に変えられ、海に沈められてしまったということです。

クジラとサメの物語が残る海

カハナの海は、ハワイで数少ない**クジラにまつわる神話**（NOTE❷）**の舞台**でもあります。昔、この海にクジラが打ち上げられた時のこと。人々はクジラの上から海に飛び降りたりして、大騒ぎしていました。

ところがある神官の息子が背中に乗ったところ、死んだと思っていたクジラが動き出したから大変です。クジラは少年を乗せたまま海に消え、人々は悲しみに暮れたのですが……。実はクジラは、四大神のカネとカナロアが天界から送った遣いでした。少年の父が息子を優れた神官にしてくれるよう神々に祈ったので、少年を迎えにきたのです。

神に迎え入れられた少年は天界で修行を重ね、立派な神官になってカハナに帰還。父を喜ばせたということです（NOTE❸）。

カハナ湾は遠浅で、引き潮時にはサンドバーが現れることも。昔は実際にクジラが座礁することもあったかもしれず、そんなことからこういった神話が紡がれたのかもしれません。

一帯にはまた、**サメにちなんだ言い伝え**も残ります。海に注がれるカハナ川はその昔、サメの半神ケアウのお気に入りのスポットだったとか。背後の渓谷の洞窟で妹夫婦と暮らしていたケアウは用事があるといっては姿を消し、密かにサメの姿に戻っては川の深部に身を潜めていたといわれます。

清流ながら深い緑色の水をたたえ、底が見えないカハナ川。もしかするとここには、本当にサメの半神が潜んでいるのかもしれない。そんなことを思わせるミステリアスな雰囲気が、この川には漂っています。

知っトク！NOTE

❶各アフプアアはパイを切るように島中央から海まで縦長に分けられていました。

❷サメの神話が多い一方、ハワイにクジラの神話はほとんど残っていません。11月～翌４月まで期間限定でアラスカからやってくるクジラは、ハワイの人々にとりサメほど影響力をもたなかったため、とも推測されています。

❸神話『マクアの祈り』より。

1. 手つかずの自然が残るカハナ渓谷。カメハメハハイウエイの海側と山側に州立公園がまたがっている　2. サメの半神がよく潜んでいたという神秘的なカハナ川

Ahupuaa o Kahana State Park
アフプアア・オ・カハナ州立公園

- 52-222 Kamehameha Hwy., Kaaawa（アフプアア・オ・カハナ州立公園）
- クアロアから向かう場合、まず右側に海側の公園入口があり、さらに進むと左側に渓谷側の公園入口がある。クアロアから車で約 10 分
- URL dlnr.hawaii.gov/dsp/parks/oahu/ahupuaa-o-kahana-state-park

クアロアまで地下水路で続く？

フイルア養魚池

前項で触れたカハナ川の河口にあるフイルア養魚池は、12世紀～16世紀に造られたたいへん古い養魚池（NOTE❶）。いくつもの伝説が残る、ミステリアスな池でもあります。

伝説のひとつは**大トカゲの半神モオ**にちなむもの。ほかの養魚池と同様、この池もモオに守られているとか。モオは池の北西角近くの穴場にすみ、水面に枯れた葉が浮いていればモオが池に潜んでいる証しだそうです。

また池から**ある種の魚が消えたり出現したりという、不思議な現象**も伝わっています。言い伝えによれば昔、池の管理人がアホレホレ（NOTE❷）以外の魚は5年間、捕ってはいけないと夢のお告げを受けました。

管理人はそのお告げを忠実に守ったため、アホレホレ以外の魚はどんどん増えたのですが……。ある日、管理人の甥っ子が池で大きなボラをつかまえ、焼いて食べてしまったのです。すると翌日、池からボラがすっかりいなくなっていたとか。

これを資源保護に関する教訓話（NOTE❸）と見る向きもありますが、もうひとつ、この池がクアロアのモリイ養魚池（↓P.160）と地下水路でつながっているための現象だ、とする説もあ

クアロアのモリイ養魚池とは約８㎞離れている。車でも10分近くかかる距離だ

ります。ハワイカイのココ・マリーナ（↓P.１３２）がカイルアのカエレプル池とつながっているといううわさと同様の話が、こちらでも囁かれているというわけです。

これらふた組の養魚池の話を考えあわせると遠くまで延びる地下水路の存在というのは案外、科学的な推論なのかもしれません。

知っトク！NOTE

❶20世紀にたびたび津波の被害を受け、1960年の津波以降は使われていませんでしたが、1993年より復興作業がスタート。地元グループにより管理されています。

❷ハワイアンフラッグテール（ハワイの固有種）。

❸昔のハワイでは資源保護のため魚ごとに禁漁期間が決められており掟を破ると罰を受けました。

Huilua Fishpond
フイルア養魚池

アフプアア・オ・カハナ州立公園内。
クアロア寄りの端

大トカゲのなれの果て

ライエ岬

強風吹きすさぶライエ岬は昔、**ラニロア岬**と呼ばれていました。以前、この岬に**邪悪な大トカゲの半神、ラニロア**（NOTE❶）がいつも陣取っていたからです。

ラニロアは海に向かって長く延びた岬の先端にすみ、通りかかる人に襲いかかったので、誰も岬に近づくことができなかったとか。岬の先を通過するカヌーにも襲いかかる始末だったため、近隣の人々は困り果てていました。

そのうわさを聞きつけラニロア退治に乗り出したのが、**カナとニヘウという勇猛な兄弟**。ふたりはただの人間ではなく、神通力をもつパワフルな半神（NOTE❷）でした。牙を剥くラニロアをまたたく間に殺害し、ふたりが体を5つに切断して海に投げ捨てると、それぞれが小さな島になりました。

一帯の海に散らばるククイホオルア、プレモク、モクアウイア、ケアウアカルアパアア、キヘワモクという5つの島々（NOTE❸）は、哀れなラニロアのなれの果てなのだそうです。

こうしてカナとニヘウのお陰で岬一帯に平和が訪れ、ラニロア岬はいつしか一帯の土地の名をとってライエ岬と呼ばれるようになりました。一方、ラニロアの名は岬近くの道の名（ラニロアルー

独特の光景が広がるライエ岬。5島のうち最大のククイホオルアは岬の目の前に浮かぶ

プ）として残されています。
大トカゲの記憶を今に伝えるライエ岬は絶景スポットでもあり、岬から見下ろす荒涼とした海&岩島は、迫力満点。さまざまな意味で、一見の価値があるといえるでしょう。

知っトク！NOTE

❶ラニロアはハワイ語で「背が高く偉大な」の意味。

❷カナは縄の姿で生まれ、自在に体を引き延ばす力をもつ半神。ニヘウは体は小さいながら怪力の持ち主。ふたりはハワイ中のモンスター退治の旅の始まりに、オアフ島に立ち寄りました。

❸5つの岩島はケアウアカルアパアアを除き、鳥の保護区に指定されています。

Laie Point
ライエ岬

カメハメハハイウエイからアネモクストリートに入り、ナウパカストリートで右折。海側に進んだ突き当たり

COLUMN

絶世の美女、ライエイカヴァイ

ライエの地名の由来になった**神話上のプリンセス、ライエイカヴァイ**をご存じでしょうか？　**ライエイカヴァイとは、ハワイ語で「水の中のライエ」**を意味します。ライエイカヴァイは泉の中に入口がある洞窟で成長したという、美貌のプリンセスでした。

双子のひとりだったライエイカヴァイを水面下の洞窟に隠したのは、その母。土地の首長である夫が、「もし娘が生まれたら命を絶つ。少なくとも息子が生まれるまではそうする」と公言していたためです。そこで母は、泉に潜ることで入口に到着できる水面下の洞窟に、ライエイカヴァイを隠したのでした（NOTE❶）。

「水面下に入口がある洞窟」とはいかにもお伽噺めいた話ではありますが、実はハワイでは、水中からしかアクセスできない洞窟のうわさが各所に残ります（NOTE❷）。

実際、ライエイカヴァイゆかりの泉として知られたのが、**ライエに実在したワイアプカの泉**。ハワイ王国7代目のカラカウア王の著書『ハワイの伝説と神話』の編者ダゲットは同書で、オアフ島知事らとともにワイアプカの泉を訪れた経験に触れています（NOTE❸）。土地のハワイアンのひとりが一行の前で泉に潜り、洞窟への通路を見つけ出したそうです。

ワイアカプの泉はすでに土砂で埋まっており、洞窟の秘密も歴史のなかに埋もれてしまったのは、いかにも残念なこと。ですが神秘のプリンセスの物語は、今なおライエの地名とともに広く語り継がれています。

知っトク！NOTE

❶一方、双子の妹ライエロヘロヘが隠されたとされるのが、島中央部のワヒアワにある王族女性の出産地、クーカニロコ（→ P.224）でした。

❷いまだ見つかっていないカメハメハ大王の遺骨も、ハワイ島のこうした水中洞窟に隠されているといわれています。

❸隣町カフクとライエの境界近くにあったとか。編者ダゲットは『ハワイの伝説と神話』中、ワイアカプの泉が多くの伝説に彩られていることにも言及しています。

凶暴な巨人の下半身

オロマナ山

ホノルルからパリハイウエイ（NOTE❶）を走り、コオラウ山脈を越えると、やがて奇妙なM字型をしたオロマナ山が見えてきます。オロマナとは昔、**コオラウ山脈沿いのマカプウ（↓P.138）からクアロア（↓P.158）までを支配していた巨人**の名。山の成り立ちとして、次のような物語が伝わっています。

大昔のこと。オロマナは天を突くほどの巨人だったので、オアフ島を支配する首長すらその陣地に近づくことができませんでした。そんな時、カウアイ島から**強靭な戦士、パリラ**がオアフ島へ。島の首長はパリラに、オロマナを退治してくれるよう頼みました。

パリラはカウアイ島の首長を父にもち、母は神の血を引いています（NOTE❷）。つまりはパリラは半神ということに。首長の依頼でさっそくオロマナのすむカイルアへと向かいました。

勇者パリラを前にさすがのオロマナも勝ち目なしと悟ったのでしょう。命乞いをしたものの、パリラは躊躇なくオロマナを真っ二つに切断。オロマナの上半身は海近くに落ちて丘（NOTE❸）になり、下半身は山になりました。それがオロマナ山です。つまり鋭利な刃物で切り刻まれたため、不自然なM字型をしているというわけです。

パリハイウエイ上の小さな見晴らし台（パリハイウエイ・オーバールック）から眺めたオロマナ山

このオロマナ山の標高は約500mですが3つの頂き（NOTE❹）をもち、山頂へのトレイルは極めて険しく超上級者向け。巨人と英雄の戦いを思い浮かべつつ、遠くから望むのが無難な楽しみ方でしょう。

知っトク！NOTE

❶ダウンタウンからカイルア方面を結ぶ山越えの道。

❷母は四大神のクーと月の女神ヒナの娘。

❸マヒヌイの丘。マヒヌイとは、パリラの母の名とか。

❹角度によって3つ目の頂きが見づらいですが、3つの鋭い頂きがあります。そのためオロマナ山の英名は「スリー・ピークス」といいます。

Mt. Olomana
オロマナ山

パリハイウエイをダウンタウンから進む場合、カイルア寄りのトンネルを越えるとまず左側、次いで右側に見えてくる。カイルアの多方面から見られる

カイルアを代表する史跡

ウルポ神殿

ウルポ神殿は、背後に広がるカヴァイヌイ湿地周辺にいくつかあった重要な神殿のひとつ。**豊穣と平和の神ロノを祀る神殿**として建造されました。

築かれた時期ははっきりしませんが、16世紀を生きたオアフ島大首長、カクヒヘヴァの時代にはすでに存在していたことがわかっています。広大で肥沃な湿地帯周辺にはタロイモ畑が作られ、土地のハワイアンに多くの恵みをもたらしていた昔、湿地帯周辺のさらなる恵みを祈願して神殿が建てられました。神殿の一辺は40m以上もあります。

一方、カクヒヘヴァの子孫で勢力闘争が盛んだった17世紀後半を生きた首長クアリイ（↓P.106）は、**ウルポ神殿を戦いの神クーを祀る神殿に変更しています**（NOTE❶）。

今では土台のみ残る状態ですが、昔は供物をささげる塔や神官が神託を受ける塔、神像が並び、神殿からの太鼓の響きが遠方まで響きわたっていたとか。

遠くクアロアやオアフ島西海岸のエヴァ地方（NOTE❷）から運ばれた岩を使って築かれている事実からも、その昔、神殿の建設がかなり大きく重要なプロジェクトだったことを示唆しています。

もちろん今はもう神像や塔などは撤去されていますが、往年の環境を取り戻そうという地域活動

1. 一つひとつの岩は、遠方から列をなした労働者が手渡しで運んできたといわれる　2. 神殿周辺ではタロイモやパンノキなどさまざまなハワイの植物が育っている

が、近年、活発化。崩れた石垣が整えられ、敷地内ではタロイモのほかにサトウキビやパンノキ、ククイ、ノニなど、多彩なハワイの植物を愛でることができます。

知っトク! NOTE

❶神殿の目的が時代や季節によって変わることは、昔のハワイでたびたびあることでした。例えばハワイ島カイルア・コナのアフエナ神殿は当初、戦いの神にささげる神殿でしたが、後にカメハメハ大王は豊穣と平和の神ロノを祀る神殿として再建しています。

❷カイルアからクアロアまでは20km以上、エヴァまでは40km以上あります。

Ulupo Heiau
ウルポ神殿

1200 Kailua Rd., Kailua（隣接のウィンドワードYMCA）
7:00～19:00（土曜は8:00～15:00、日曜は休園）
ウィンドワードYMCA隣。駐車場はYMCAと併用
URL dlnr.hawaii.gov/dsp/parks/oahu/ulupo-heiau-state-historic-site

王族も食した「泥」の産地

カヴァイヌイ湿地

ウルポ神殿の裏手から見渡せるカヴァイヌイ湿地は、**ハワイ最大の淡水湿地帯**（NOTE❶）。湿地の沈殿物からサンゴや砂が見つかっており、約4000年前までカネオヘ湾のようなラグーンだったことがわかっています。ラグーンは徐々にタロイモ畑や養魚池に造り変えられ、多くのハワイアンの食生活を支えてきました。

そういった歴史的背景に加え、カヴァイヌイ湿地の名をハワイ中に知らしめた理由がふたつ。ひとつは、湿地帯を守るとされる大トカゲの半神モオの存在です。この地には**ハウワヒネという崇高なモオ**がすみ、湿地帯を手厚く守っていると信じられてきました。

もうひとつは、ハワイで唯一、**食用の泥が採れた**こと。泥といってもプルプルしたゼラチン状のものだそうで、もしかすると（ある種の海藻など）一帯が海だった時代の名残なのかもしれません。18世紀末、カメハメハ大王と戦士がタロイモのポイ（NOTE❷）の代わりにその泥を食べたという逸話が残っています。

また1872年にはパウアヒ王女（↓P.80）とリケリケ王女（↓P.86）もカヴァイヌイで泥を堪能（NOTE❸）したそう。ふたりはカヌーに乗って泥の収穫を見学したあと（NOTE❹）、泥

1. 数千年にわたってラグーン→タロイモ畑→養魚池と姿を変えてきたカヴァイヌイ湿地　2. 現在はハワイ州管轄の野鳥保護区に

に舌鼓を打ったといいますから、泥は飢餓食というより一種の珍味だったのかもしれません。

湿地帯は今、**野鳥保護区**となっており、ハワイ固有の鳥も見られます。外来の植物を除去する復興作業も進行中なので、この先さらに多くの野鳥が戻ってくることが期待されています。

知っトク！NOTE

❶カヴァイヌイはハワイ語で「大きな水」「偉大な水」。

❷ハワイアンの主食であるタロイモをふかし練りつぶしたペースト状の食物。

❸ 1872 年 10 月 26 日付けのハワイ語紙「クアオカ」より。

❹泥の収穫には規律がともない、ダイバーが水中で泥を集めている間に話すのは厳禁。沈黙が破られると水底の泥が盛り上がってダイバーを包み、窒息させると信じられていました。

Kawainui Marsh
カヴァイヌイ湿地

ウルポ神殿の後方

URL www.huihawaii.org/kawainui.html

Chapter 5

North Shore

ノースショア

オアフ島ノースショアといえば、世界のサーファー垂涎の地。モンスター級の大波は、冬のノースショアの風物詩です。サーフィン文化の聖地ハレイヴァ（ハレイワ）が示すように、今やノースショアは冬に限らず通年、旅行者にも人気のタウンとなりました。

ワイキキからは車で約１時間。はるばるノースショアに出かける際は、その海辺やショップだけではなく、ぜひ遠い過去にも思いをはせて巡ってみましょう。その沿岸には、ユニークな歴史や言い伝えが残されています。

例を挙げれば、サーフィンの名所として名高いサンセット・ビーチの古称パウマルは、恐ろしいサメの神話にまつわる地名。一方、ワイメア湾には、19 世紀のイギリスとの因縁があります。

ノースショアの砂浜は広く深いことで知られますが、実はその海辺には、ディープな歴史や神話が埋もれているというわけです。

※日本ではハレイワと読まれる Haleiwa ですが、ハワイでは一般にハレイヴァとなります。本書ではハレイヴァとして統一しています。

ペレの従者か、はたまた追跡者か

ペレズ・フォロワース

砂浜の一角の溶岩地帯に点々と置かれた8つの岩々は、火山の女神ペレを追随する者、または追う者たち（フォロワー）。それがペレの神通力により、岩になった姿だそうです（NOTE❶）。神話によればタヒチからカヌーでオアフ島にやって来たペレは、このビーチ近くの岬から海上の自分を見つめている8人に気づきました。

8人が岩になった経緯については相反する2説があり、ひとつは8人に不滅の体を与えるため、ペレが岩に変えてやったという説。もうひとつが自分をジロジロと見つめた詮索好きの8人に憤慨したペレが、8人を岩に変えたという説です。

このうち最初の説については、（ペレがよかれと思って8人を岩に変えてやったというニュアンスがあり）筋が通らず、物語として不完全。怒りっぽいペレの性格、そして各島に残る伝説を考えあわせると（NOTE❷）、ペレの怒りを買って8人が岩に変えられたという説のほうが理にかなうような気がします。その場合、「ペレズ・フォロワース」という岩の呼び名は、なんともそぐわないですが……。

岩々は海辺に広がる溶岩平原にあり、足場が悪いため、近づかないほうが無難。ビーチから遠目

1. ロックパイルスビーチからも歩けるが徒歩 20 分。ケ・イキ・ロードから海にぬける小道を利用すると便利。ケ・イキ・ロードは細く、車の侵入不可なので徒歩のみ
2.276B と記されたサインとぬけ道

に眺めると小さく見えますが、一番大きい岩で4mを超える高さがあり、どの岩も3m前後の大きさです。8つの岩にはそれぞれ名があり、もともとは夫妻&3人の子供たちを含む親族だったともいわれます。

知っトク！NOTE

❶岩々のハワイ語名は「ナ・ウカリ・オ・ペレ」で、ペレズ・フォロワースとの意味。ただしそれが追従する者なのか追う者なのかは解釈の分かれるところ。

❷ハワイ各地にペレを怒らせたために岩に変えられたり、溶岩流に飲みこまれたという人間の物語が残ります。例えばハワイ島カウ地区には、ペレの思い人と一緒にいた美女パウラが岩に変えられた話があります。

Pele's Followers
ペレズ・フォロワース

シャークスコーブのサンセット・ビーチ寄りの端から、カメハメハハイウエイと並行して走る細道ケ・イキ・ロードへ。左側のぬけ道（276B とのサインあり）を海側に進む

古称にまつわる恐ろしい故事とは？

サンセット・ビーチ

冬場にはモンスター級の大波が訪れるサンセット・ビーチ。世界に名高いサーフィンの名所（NOTE❶）に、サメの襲撃にまつわる恐ろしい古称があることはあまり知られていません。本来の地名はパウマルといい、ハワイ語で「不意打ちを食らう、驚かされる」を意味しています。

大昔、この近くにタコ捕りの名人と呼ばれる女性が住んでいたそう。タコが必要になると声がかかり、ある時、女性は土地の首長に呼び出されました。首長は宴会用に特定の場所でタコをつかまえてほしいと依頼し、女性は快諾して出かけたのでした。

そのビーチで、女性は不思議な老人に遭遇しました。老人は女性に「この海にはひとりが捕っていいタコの数の上限がある。それ以上捕ればお前の身に何か起こるだろう」と警告し、女性もルール順守を約束。ところが漁に夢中になった女性は、告げられた数以上のタコを捕ってしまったのです。するとどこからともなく大きなサメ（NOTE❷）が現れ、女性を嚙み殺してしまいました。そう、女性はせっかく捕ったタコを首長に届けることができなかったのです。

もし女性が老人との約束をきちんと守っていれば、こんな驚きに見舞われることもなかったものを……。以来、この地は「パウマル」と呼ばれるようになったということです。

1. サーファー憧れのサンセット・ビーチ
2. 波の高さなど条件が揃った年だけ開かれる「トリプルクラウン」など、冬には世界的なサーフィン大会が催される

事件のあったビーチは今、サンセット・ビーチの名（NOTE❸）で知られていますが、近くの通りや川の名には、パウマルという古称が残されています。

知っトク! NOTE

❶冬場には 10m 近くの大波が訪れることもあり、数々の国際的なサーフィン大会が開かれています。

❷サメはこの海の守護神だったとか。

❸ 1920 年代、現サンセット・ビーチ周辺の海辺の土地が「サンセット地区」との名称で売りに出されたことから、サンセット・ビーチと呼ばれるようになりました。一帯で美しい夕日が見られることからの命名です。

Sunset Beach
サンセット・ビーチ

ワイメア湾とカフクの間。ワイメアから車で約 5 分

神官が暮らした渓谷

ワイメア・バレー

カメハメハ大王の神官も暮らす

ワイメア渓谷は古来、「神官の渓谷」として知られ、島の支配者に仕える高位の神官が所有してきた聖地。11世紀のオアフ島の首長オロパナが自身の神官にワイメア渓谷を与えたのに始まり、代々、オアフ島最高位の神官が渓谷で暮らしてきました。

時は流れて18世紀末。首長カハハナの時代（↓P.158）を最後にオアフ島は他島の傘下に入りましたが、その後もワイメアの「神官の渓谷」としての地位に変わりはありませんでした。マウイ島首長のカヘキリがオアフ島を征服すると、その神官に。ハワイ島のカメハメハ大王が島を征服するとカメハメハの神官ヘヴァヘヴァ（NOTE❶）に、渓谷が与えられたのです。

そういった意味で広大なワイメア渓谷全体が、たいへん特殊な聖地だったといえるでしょう。

渓谷には以前、観光施設「ワイメアフォールズパーク」があり、滝つぼへのダイビングショーやフラショーといった華やかなアトラクションで知られていましたが、2003年に閉園。2008年以降は文化施設「ワイメア・バレー」として、名称も新たに再スタート。今では渓谷

渓谷の象徴、ワイメア滝。オアフ島に限らずオアフ島を征服した各島の首長が、ワイメア渓谷を最上位の神官に与えた

の文化遺産と自然を護ることを新たな使命に掲げながら、NPO団体（NOTE❷）により運営されています。

神官の渓谷で過ごす非日常な時間

新生「ワイメア・バレー」では、舗装された約1.2㎞のトレイルを巡りながら、貴重な史跡やダイナミックな自然を満喫できるのが魅力です。

見るべき史跡として、例えば入口手前にある農耕と平和の神ロノを祀る神殿跡があります。1470年代に建てられた古いもの（NOTE❸）で、今は見事に再建され当時の威光を取り戻しています。

そのほか魚の神のための祭壇や住居跡、首長一族や神官など高位にあった人々の埋葬場などが、渓谷を貫いて点在。

こうした先史時代の遺物が深い山中に分け入る必要もなく間近に見学できるのも、この施設の醍醐味でしょう。

また渓谷奥部の**ワイメア滝**では、ワイメアフォールズパーク時代のダイビングショーは終了しているものの、今なお遊泳が可能。渓谷の清流が注がれる冷たい滝つぼに身を浸してみるのも、ワイメアならではの非日常な体験となるはずです。

なお敷地内には、**ハワイ&世界の希少な植物を集めた5つの庭園**も。ハワイの固有種や太平洋の島々で生息する南国の植物、タヒチやマルケサス諸島の人々が大昔、ハワイにもちこんだ食用植物など5000種の植物をテーマごとに集めた庭園は、自然愛好家なら見逃せません。

ノースショアの秘境ともいえるワイメアの地で、カルチャー&ネイチャー体験をたっぷり楽しんでみてください。

知っトク! NOTE

❶戦場では戦いの神クーの像を掲げながら、常にカメハメハ大王に付き添ったことで知られています。

❷ホノルル市やハワイ州等の支援のもと、半官半民団体の「ハワイアン事務局」が渓谷を買収。NPO団体「ヒイパカ」を新設し、施設の運営に当たっています。

❸建てられた年代の測定は炭素観測法によります。

1. 入口手前にあるロノの神殿。毎朝ここで施設のスタッフが祈りをささげる　2. 舗装された道を歩きながら渓谷の自然と史跡を満喫できる

Waimea Valley
ワイメア・バレー

59-864 Kamehameha Hwy., Haleiwa
9:00 ~ 16:00（月曜休園）
$ $25
URL www.waimeavalley.net

COLUMN

ワイメア湾とバンクーバー船長

ワイメア渓谷とその海は、さまざまな意味で歴史深い場所といえます。オアフ島に初めて欧米人が降り立ったのも、ワイメア湾でした。

1779年2月、イギリスの航海家、クック船長がハワイ島で殺害されたあと（NOTE❶）、その2隻の帆船、ディスカバリー号とレゾルーション号は一路、オアフ島へ。水の補給のため、ワイメア湾に立ち寄っています。オアフ島のハワイアンと欧米人が初めて出会った瞬間でした。

その際、クックの士官だったバンクーバー（NOTE❷）は、13年後の1792年、今度は船長としてディスカバリー号を率い、ワイメア湾を再訪。もしかしたらバンクーバーは、初訪問の際、無事に水を確保できたワイメアを好意的に記憶していたのかもしれません。ですがバンクーバーは、再訪時に部下ふたりを失うことになりました。

島に上陸したとき、もちろん銃や剣などで武装していたバンクーバーの部下たち。逆に武器を手に入れようとした島の戦士に狙われ（NOTE❸）、「渓谷の奥にはもっと上質の水がある」と奥地に誘いこまれて殺害されたのです。

ふたりの遺体はワイメア渓谷近くのププケア山中にあるプウオマフカ神殿（NOTE❹）で生贄

にされたとも、島の最西端に近いモクレイアの地まで引きずられたともいわれますが、真相は不明。ひとつ明らかなのは、ワイメア湾に再び錨を降ろしたことをバンクーバーが悔やんだことではないでしょうか。

知っトク！NOTE

❶クックを豊穣の神ロノの再来と勘違いしたハワイアンは当初、クックを手厚くもてなしましたが、その誤解が解けたあとに小競り合いがおき、クックを殺害しました。

❷後にカメハメハ大王の親しい友人になり、イギリスとハワイ王国の橋渡しをしました（→ P.116）。

❸武器はワイキキに住んでいたオアフ島首長に届けられたといわれます。

❹戦いの神クーを祀る神殿。人身御供もささげられました。

王族級の大トカゲが守る

ロコエア養魚池&ウコア養魚池

ハレイヴァがサーフィンの聖地として発展するはるか昔、一帯は水の豊かな農耕地帯として栄えていました。背後の山から流れる清水を利用したふたつの王族用養魚池（ウコア養魚池とロコエア養魚池）には大トカゲの半神モオがすみ、一帯はモオのあつい加護により潤う土地として知られてきたのです。

これらの養魚池にすむモオ、ラニワヒネは普通のモオではなく、カメハメハ5世を謳った詠唱や数々の神話にお目見えする高位のモオ（NOTE❶）。天界からモオ一族が地上に降りてきた際（NOTE❷）、行進の最後についてハレイヴァに到着。ウコア養魚池にすみ着き、水路でつながったロコエア養魚池やその先の海を行き来しているといわれます。またラニワヒネにはサメの神、ウツボの神が仕え、ハレイヴァを守ってきたそうです。

ふたつの養魚池が造られた時期ははっきりしていませんが、19世紀のハワイアン歴史家カマカウによればオアフ島を代表する16世紀の大首長、カクヒヘヴァ（↓P.78）の食卓には、ハレイヴァの養魚池から運ばれるボラが並んでいたとか。

時は流れ、養魚池を取りまく環境も大きく変わりましたが、ロコエア養魚池では従来の景観と水

1. 復興作業が進むロコエア養魚池　2. ウコア養魚池の周囲には草が茂り見通しが悪いが、カヴァイロアドライブのフェンス越しに一部見える

質を取り戻すべく復興作業が続いている最中（NOTE❸）。ウコア養魚池については今後の展開が待たれるところです。双方の池が魚であふれる養魚池としてよみがえるその日を、ラニワヒネも待ち望んでいるに違いありません。

知っトク！NOTE

❶ケアオメレメレ（金色の雲の女神）の物語（→ P.58）には、四大神と並ぶほど高位の女神でモオ一族の長、モオイナネアが登場しています。

❷同じくケアオメレメレの神話より。

❸カメハメハスクール財団（→ P.80）が所有し、2009 年から地域団体「マラマ・ロコエア・ファンデーション」が復興作業に従事しています。

Loko Ea & Ukoa Fishponds
ロコエア&ウコア養魚池

ロコエア養魚池はカメハメハハイウエイ沿いのレストラン「ハレイヴァ・ビーチハウス」裏。ウコア養魚池はロコエア養魚池から車で 10 分。カメハメハハイウエイとカヴァイロアドライブの角を山側に進むと右側に見えてくる

URL www.lokoea.org

ハレイヴァ王族ゆかりの聖域

クイーン・リリウオカラニ・プロテスタント教会

ハレイヴァに別荘を持っていたハワイ王国最後の女王、**リリウオカラニがたびたび通った教会**。もともとは1832年、マサチューセッツ州から赴任したプロテスタント教派のジョン・エマーソン牧師が、カメハメハ大王の甥の息子で一帯を司る首長、ラアヌイの支援下、アナフル川沿い（NOTE❶）に設立。1840年代に現在地に移転し、リリウオカラニ女王が通ったのは1890年代のことでした。礼拝堂に**リリウオカラニの贈った見事な時計（NOTE❷）**があることでも知られます。

教会には、ぜひ注目してほしい遺物がもうひとつ。ハレイヴァの地名の由来となった鳥、**イヴァ（オオグンカンドリ）がデザインされた教会上の風見鶏**です。イヴァは大きな羽を広げて空高く飛行する姿で知られる、美しい鳥。ハレイヴァでもその優雅な姿がよく見られます。**ハレイヴァとは、ハワイ語で「イヴァの家」**を意味しています。

ちなみにハレイヴァという言葉を初めて使ったのは、同教会に所属する神学校の女生徒たち。神学校がアナフル川の麓にあった1860年代、自分たちの寄宿舎をハレイヴァと呼んだことに始まって、一帯の土地がハレイヴァとして知られるようになりました（NOTE❸）。つまり女生徒たちは、自分たちをイヴァにたとえたということになります。

そのような背景から、教会の塔の風見鶏に、魚をくわえたイヴァがデザインされているのでした。

1. 教会はレストラン「ハレイヴァ・ジョー」が現在建っているスポットで創設され、1840 年代に現在地に移転　**2**. 教会上にはイヴァの鳥の風見鶏が羽ばたく

知っトク！NOTE

❶半円型の白い橋、レインボーブリッジがかかる川。教会は当初、橋の海側にあり、近くにはリリウオカラニの別荘もありました。教会の当時の名はワイアルア・プロテスタント教会。

❷コネチカットの時計店に特注され、1892 年、教会に寄贈されました。

❸ 1899 年、海辺にできたホテル（ハレイヴァホテル）の名として再び注目され、一帯の地名として浸透しました。

Queen Liliuokalani Protestant Church
クイーン・リリウオカラニ・プロテスタント教会

- 66-090 Kamehameha Hwy., Haleiwa
- 礼拝時のみ（日曜礼拝 10:00 ～）
- マツモト・シェイブアイスの入る商業施設からカメハメハハイウエイを挟んで向かい
- URL www.liliuokalanichurch.org

海を長年漂った？ 神秘の岩

ポハク・ラナイ

ハレイヴァの中心地から少し離れたカイアカベイ・ビーチパークには、世にも不思議な形状の岩があります。「ポハク・ラナイ」と呼ばれる巨岩がそれ。

ポハク・ラナイは貝殻やサンゴ混じりの石灰岩で、いくつもの伝承が残っています。ひとつは、岩がタヒチから漂ってきたというもの。さらに、2枚の岩の隙間部分は波に洗われてできたという伝承も。伝承によればこの一帯が海だった大昔から、岩はここにあったのだそうです。いずれにしろ、長い年月、波に洗われてきた岩なのは確かでしょう。

ポハク・ラナイは木の棒でたたくとよく響くそうで、昔は一帯の漁師が鐘代わりに使っていました（NOTE❶）。見張り役が沖に魚の群れを見つけると、この岩をたたいて仲間の漁師に知らせたとか。岩自体が見張り台だった、という人もいます。

ちなみに近年、この岩がパワースポット視されることがありますが、残念ながらそういった歴史的記述や地元の証言は見つかっていません。岩のスピリチュアル性への言及は、19世紀のイギリス人宣教師が「ここで土地の首長らが戦いでの不死身の体をカネ神に祈った」と旅日誌に記した一文があるだけ。

岩のあるカイアカベイ・ビーチパークは海沿いの奥まった場所にあるので、バス&徒歩での訪問は避けよう

つまり霊的パワーを求めてこの岩をお参りするという信条（NOTE❷）は、地元に伝っていないということになります。とはいえ、この岩が古くからこの地にある、先史時代の遺物なのは確か。敬意と節度をもって、見学したいものです。

知っトク！NOTE

❶こういった岩はベルストーンと称され、ハワイ各地に残っています。また土台の岩の上にもうひとつの大きな岩がバランスよく乗っているように見えるため、バランシングストーンと称されることも。

❷その場所を訪れると運がよくなる、パワーをもらえるという受け身のパワースポット的な信条は古来、ハワイにはありませんでした。

Pohaku Lanai
ポハク・ラナイ

66-449 Haleiwa Rd., Haleiwa
ハレイヴァ・アリイ・ビーチパークから車で約３分

魂があの世に飛び立つ地

カエナ岬

自然と神話の宝庫

オアフ島最西端にあるカエナ岬は、よい意味でオアフ島最果ての地。ハワイで稀有な砂丘が広がる岬付近は州の自然保護区になっており、絶滅危惧種の海鳥やハワイアン・モンクシールが生息しています。

岬に到達するにはカエナ岬州立公園の入口で車を降り（NOTE❶）、徒歩でのみアクセスが可能。風光明媚な片道4.3㎞の海辺の道は、ハイキングコースとして人気です。

灼熱で水が乏しいカエナにハワイアンは定住こそしませんでしたが、古来、この地はハワイアンにとって極めて重要な地域でした。一帯には多くの神話や伝説が残り、ハワイアンはカエナを神聖視してきたのです。

カエナという地名自体が、神話にまつわるもの。カエナとは、火山の女神ペレとともにタヒチからやって来てここに住み着いた従兄弟の名とか。一方、カエナはここで死んだ首長の名だとする次のような伝説も知られます。

数々の神話に登場する神秘の岩、レイナ・ア・カ・ウハネ

首長のカエナが部下とともに、この海の沖で夜釣りを楽しんでいた時のこと。約170km離れた対岸のカウアイ島にも夜釣りのにぎわいが伝わり、夜中に目を覚ましたのがカウアイ島に住む怪力の首長、ハウプでした。そこで海を眺め、カエナ一行の松明の明かりを見たハウプは、オアフ軍が攻め込んできたものと勘違い。巨岩をカエナ一行のカヌーめがけて投げつけたのです。

岩は運悪くカエナのカヌーを直撃し、カエナは即死。以来この土地は、哀れな首長の名を取ってカエナと呼ばれるようになったということです。

ハワイで最も名高い冥界の入口

そのほか女神ペレの物語や、魚の神アイアイの神話なども伝わるカエナ。岬に点在する神秘のスポットのうち、なかでも名高いのが**聖なる岩レイナ・ア・カ・ウハネ**（NOTE❷）でしょう。あの世の入口とされた場所が各地にあるなか（→P.147）、ハワイ中に名がとどろくのがこの巨岩。魂は家族神に導かれながら、平たい岩の上からあの世に飛び立つと信じられてきました。

巨岩といえば、岬には半神マウイにまつわる岩、**ポハク・オ・カウアイ**も。マウイはカウアイ島の先端に魔法の釣り針を引っかけ、怪力でたぐり寄せようとしましたが、失敗（NOTE❸）。釣り針の引っかかった部分だけが海に落ち、ポハク・オ・カウアイ（カウアイの岩）と呼ばれるようになりました。

神話と自然の宝庫であるカエナ岬先端に到達するには、州立公園の駐車場から徒歩で片道1時間半ほど。道は平坦で歩きやすいですが、たっぷりの水や日焼け対策が必須です。また子供連れや体力に自信のない人なら、岬を目指す代わりにショートハイクがおすすめ。駐車場から海辺を15分ほど歩くだけで、カエナの神秘的な美しさが十分、満喫できます。

知っトク！ NOTE

❶許可証を得た四輪駆動が公園入口から少し先まで入れますが、岬までは行けません。

❷レイナは「飛び立つ場所」、ウハネは「霊魂」で、「魂の飛び立つ場所」との意味。

❸半神マウイは海の底から大陸を釣り上げる際、海面に落としてしまい、大陸がこなごなに割れてハワイ諸島になったとか。マウイが島々を再びくっつけようと奮闘する神話が、ハワイ島ヒロにも残ります。

1. 絶滅危惧種のハワイアン・モンクシールもカエナ岬で気持ちよくお昼寝中　2. 岬ではコアホウドリほか多数の海鳥が巣を作っている　3. ゲートや柵で守られた自然保護区の入口。犬を連れての散歩も御法度だ

Kaena Point
カエナ岬

6:00 ～ 19:00（カエナ岬州立公園）

ノースショアのモクレイア側のほか西海岸のヨコハマ・ベイからもアクセスできるが、モクレイア側からのアクセスのほうが歩きやすく初心者向け

URL hawaiistateparks.org/parks/oahu/ka%CA%BBena-point-state-park

Chapter
6

Central & West Oahu

中央部&西オアフ

オアフ島をホロホロ巡るカルチャーさんぽも、いよいよ終わりに近づいてきました。最終章では、1〜5章でくくることのできなかったエリアをひとまとめに紹介します。

具体的にはホノルル以西の真珠湾周辺や島中央部のワヒアワ近隣、島西部のワイアナエ沿岸の各スポットです。

このうち真珠湾やワヒアワ周辺については、ノースショアに向かう途中で訪問するのもおすすめ。特にワヒアワ周辺の2スポットについては、ワヒアワの町の中心部を通り過ぎてハレイヴァへと向かうカメハメハハイウエイ沿いに、一番のビューポイントがあります。

なお島西部のワイアナエ沿岸は、オアフ島でもひときわローカル色が強く、旅行者もぐっと少ない地域。単独ではなく、複数での訪問が望ましいでしょう。

ヒーリングを司る神殿

ケアイヴァ神殿

真珠湾を見下ろすアイエアの丘には、16〜17世紀に建てられた「癒やしの神殿」があります。戦勝祈願や雨乞いなど目的や祀る神ごとに神殿が設けられていた昔のハワイで、ケアイヴァ神殿は、医術のカフナ（専門家。NOTE❶）が司る場所でした。

同神殿は治療の場だったほか、カフナが弟子に医術を授ける、いわば病院と医学校を兼ね合わせたような存在だったといえるでしょう。

そのため神殿の周囲には薬草ガーデンが作られ、カフナはさらに周囲の山を巡り薬効豊かな植物を集めたそうです（NOTE❷）。

19世紀のキリスト教宣教師の到来に前後して、ケアイヴァ神殿の存在も忘れ去られていきましたが（↓P.25）、考古学者によってこの神殿が再発見されたのは1951年。ハワイの要人や王族の子孫、土地の人々が古式ゆかしい装いで集合し、厳粛な儀式とともに神殿があらためてオープンされました。儀式には、なんと約1000人が集結したとか（NOTE❸）。

ハワイの医師たちはもちろん、アメリカの40州や6つの太平洋諸国からの医師団も儀式に参加したといいますから、この神殿がいかに重要視されたかがわかります。

かつて医術の専門家が治療&修業の場として使っていた神殿

神殿の周囲は今、州のレクリエーションエリアとして整備されていますが、古代の聖地である神殿の内部には入らず、外部から見学するのがおすすめ。ましてや岩に触ったり足をかけたりという行いも、聖地ではタブーなのを知っておきましょう。

知っトク! NOTE

❶薬草治療を専門とするカフナ、骨折を扱うカフナ、妊娠や出産のエキスパートなど、さまざまな医術の専門家がいました。

❷ポリネシア全域、特にハワイでは薬草治療が盛ん。今でもたくさんの専門書が出版されています。ハワイ大学医学校にも薬草を研究する学科が。

❸ハワイアン歴史協会 1951 年度会報より。

Keaiwa Heiau
ケアイヴァ神殿

99-1849 Aiea Heights Dr., Aiea（ケアイヴァ神殿州レクリエーションエリア）
7:00 ～ 18:45（4 月～ 8 月は 19:45 まで）
$ 無料
同レクリエーションエリア入口近く
URL dlnr.hawaii.gov/dsp/parks/oahu/keaiwa-heiau-state-recreation-area

サメの女神の伝統が残る海

真珠湾

かつては真珠貝が本当に生息していた

3つの入り組んだ入江があり、天然の港としてはハワイ最大。「日米開戦の地」としてのイメージが強過ぎて先史時代の姿があまり語られることがないものの、もちろんそこにはハワイアンの豊かな歴史が眠っています。

例えば真珠湾には古くからポリネシア人が訪れ、ハワイに最初のパンノキの実がもたらされたのもこの海辺とか（NOTE❶）。首長のカハイがタヒチからもたらしたパンノキの実を、真珠湾近くの土地に植えたのだそうです。

また暴風から守られた海の周りには、少なくとも**27の養魚池**が造られていました。一番古いものは15世紀建造。真珠湾にはコオラウ山脈とワイアナエ山脈双方からの淡水が注がれ、真水と海水が混じる浅瀬に真珠貝を含む多様な海の生物が生息していたのです。

実際、この海が**真珠湾と呼ばれた（NOTE❷）のは、真珠貝がふんだんにとれたため**。ただしハワイアンにとってはただ食用だった真珠貝（NOTE❸）の真珠に高い価値があるとわかったの

1876 年にカラカウア王が使用権を与えて以来、真珠湾はアメリカ海軍基地として使われてきた

は、西洋人が到来した18世紀末。１８１２年に真珠ひと粒が＄４で売れた……という記録が残っています。

2度の業火に包まれたそのわけは？

　真珠湾はまたハワイアンにとって、**サメの女神が守る聖なる海**でもありました。サメの女神カアフパハウのお陰で、真珠湾には人食いザメが寄りつかなかったといわれます。

　カアフパハウはサメのなかでもたいへん高位の女神だったので、多くのサメが外海からカアフパハウのご機嫌うかがいにやってきたとか。たまに人を襲う危険なサメも交じっていましたがすぐに正体を見破られ、カアフパハウの家来に退治されてしまいました。

　こうして真珠湾はあつく守られ、人間とサメの間に調和が保たれていたのですが……。

1909年に事件が発生。アメリカの軍事利用が始まっていた真珠湾で、海軍がカアフパハウがすむという洞窟の上に造船所を建設することになったのです。土地の人々は猛反対しましたが、海軍は聞き入れませんでした。

結局、4億円もの費用をかけ、造船所が完成したのは1913年。ところが完成間もなく爆発事故が起き、せっかくの造船所は全壊してしまいます。

それにもかかわらず海軍は、まったく同じ場所に造船所を再建することに。ただし今度は地元の神官を招いてカアフパハウの怒りを鎮める儀式が執り行われ、6年後に新造船所が建ったのですが……。結論からいえば、カアフパハウの怒りは収まっていなかったようです。1941年、真珠湾がアメリカ唯一の戦場になったのは、世界の知るところ。真珠湾を2度まで火の海にしたカアフパハウの怒りが、今では鎮まっていることを祈るばかりです。

知っトク! NOTE

❶パンノキが初めてもたらされたのは真珠湾ではなく、オアフ島東海岸のクアロアだったという説もあります(→ P.158)。

❷古称はプウロア。長い丘を意味しますが、その由来は不明です。

❸ハワイアンは真珠より真珠貝を重用していました。真珠貝で釣り針を作ったほか神像の飾りにしたり、小道具などにも使われました。

1. 真珠湾は「因縁の海」なのか。日米開戦のはるか前、1913 年にも真珠湾は業火に包まれている　2. 湾の周辺には、のどかな先史時代の光景を思わせる岸辺も残る

Pearl Harbor
真珠湾

- 1 Arizona Memorial Place, Honolulu（ビジターセンター）
- 7:00 ～ 17:00（アリゾナ記念館ツアーは要予約）
- $ 無料
- ホノルル空港から西方面に車で約 10 分
- URL www.nps.gov/perl/index.htm

COLUMN

真珠湾の真珠はどこに？

かつて真珠湾でとれた真珠は、どうやら黒真珠だったよう。19世紀のハワイアン歴史家カマカウは、真珠湾の真珠を「虹色の赤や黄色、暗い色、ピンクがかった白もあり……」と描写しています。ハワイでも真珠がとれたのは、真珠湾だけでした。

ではいったい、真珠湾の真珠はどこに消えたのでしょうか？　このおおいなる疑問について、ある神話では怒れる神が真珠貝をタヒチに返してしまった（NOTE❶）と語っています。

大昔、この海で海藻をとっていた貧しい老女が、浅瀬で大きな真珠貝を見つけました。まだ真珠貝の禁漁期間中（NOTE❷）ではありましたが、空腹でたまらなかった老女。いけないこととは知りながら、真珠貝を海藻の下に隠してもち帰ってしまったのです。

それをこっそり見ていたのが意地悪な役人でした。老女の集めた海藻と真珠貝を取りあげてすべて海に戻したうえ、哀れな老女に罰金まで科す始末。その非情な仕打ちに怒ったのが、一帯の海を守っていた大トカゲの女神、カネクアアナでした。「もう真珠貝をタヒチにもって帰るわ。おまえの子孫が絶えるまで、ハワイに真珠貝は戻ってこないでしょう」。そう宣言すると、本当に真珠貝が海から消えてしまったということです。

ちなみに実際に真珠貝が絶滅した理由として囁かれているのが、王族による乱獲（NOTE❸）、そして周辺の農地からの土砂が海に流入したためというふたつの説。もしかしたらこの神話は、真珠貝を絶滅させた強欲な権力者を揶揄して生まれた物語なのかもしれません。

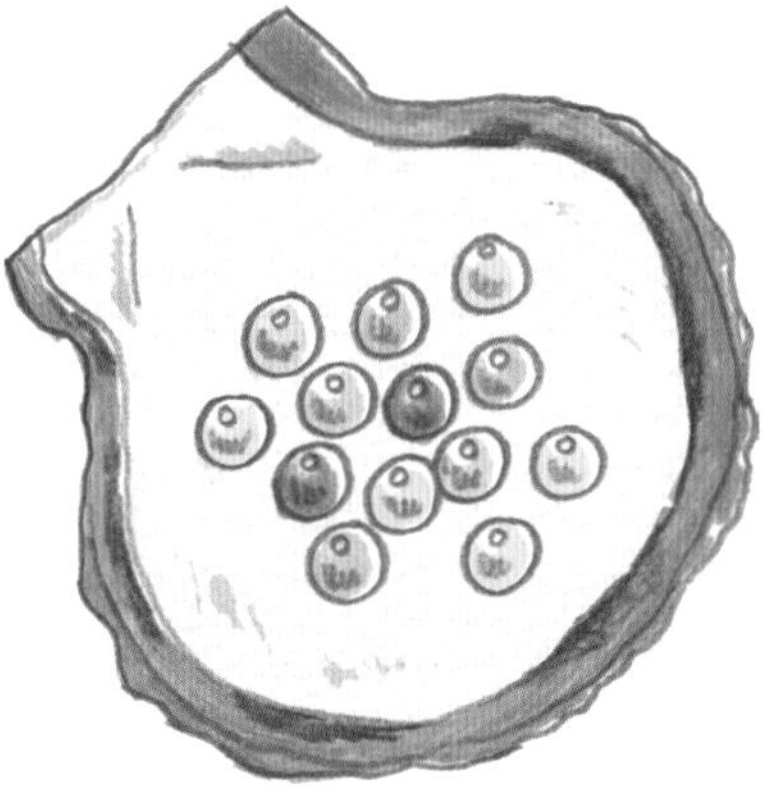

知っトク！NOTE

❶マルケサスとともにハワイアン民族の故郷であるタヒチは、世界最大の黒真珠の産地。

❷古来、魚ごとに禁漁期間が定められていました（→P.172）。

❸真珠の価値を知ったカメハメハ大王は、真珠湾の真珠を独占。カメハメハお抱えの漁師だけが、真珠貝を収穫する時代がありました。当時の真珠の売買記録を、カメハメハに仕えたスペイン人商人が残しています。

ワイアナエ山脈越えの要所

コレコレ峠

ワヒアワの町を過ぎ、ノースショアに向かってワヒアワ平原を進んでいくと、左側にワイアナエ山脈が見えてきます。その中ほどにあるV字型の切れ目は、古来、**ワヒアワ平原と山脈の向こう側のワイアナエ地方を結んでいた要所**。コレコレ峠（コレコレ・パス）と呼ばれています。

峠の標高は500mほど。山越えの道は険しいものの（NOTE❶）、ふたつの地方を行き来する近道として、人の往来はもちろん19世紀末には家畜の移動などにも使われてきました。大昔のハワイアンは海だけでなく山を熟知する「山の民」でもあり、こうして山脈を越えて行き来していたというわけです。

ちなみに**コレコレとは、峠を守護するスーパーナチュラル（超自然的）な女性の名**とか。峠には高さ2mほどの岩があり、処刑台だったとの説もありますが（NOTE❷）、今では峠の道標かつ守護者コレコレの碑だったというのが通説です。人々は峠を越えるたびに加護を求めて、岩にお供えを残したといわれます。

実はコレコレ峠は、日本人にとって注目すべき場所でもあります。1941年12月7日、**真珠湾を攻撃した日本軍の飛行機の一部は、この峠を通過して真珠湾に向かった**のでした。

全長35kmのワイアナエ山脈中、ひときわ窪んだコレコレ峠は古来、山脈越えの要所だった

なおコレコレ峠越えのためのトレイルのワヒアワ平原側入口は今、アメリカ陸軍基地（スコフィールド・バラックス）内にあります。陸軍主催のランニング大会や特別な週末に公開されますが、事前登録と基地の通行証が必要です（NOTE❸）。

知っトク！NOTE

❶1937年、陸軍が車両移動用に舗装道路を建設しました。

❷岩の形状からその上で人が斬首されたという説がありますが、古代ハワイで斬首の刑はなかっただけに疑問視されています。

❸例年3月、トレイル入口から峠の展望台までを往復する10km走が開催されます。また基地で訓練がない週末、まれに一般公開されることも。いずれの場合も通行証取得にはアメリカ国籍者の同行が必要です。

Kolekole Pass
コレコレ峠

ワヒアワからカメハメハハイウエイを走行してハレイヴァに向かう途中、左側に望める。（H2フリーウエイで終点まで行かず、ひとつ手前の出口EXIT8で降り、ワヒアワの町中に進む）

優しい女神のすまう山

カアラ山

ワイアナエ山脈の名峰、カアラ山は**オアフ島最高峰**（標高約1227m）。西海岸のワイアナエ側から見上げると山に雲がかかっていることが多い一方、山脈反対側のワヒアワやノースショアからはその姿が見える確率が大。晴れた日には、山頂に設置された連邦航空局のレーダーが遠望できることもあります。

ハワイ固有の植物や鳥が多い山頂近くの湿原や熱帯雨林（NOTE❶）はうっそうとして深く、よく霧もかかるため、この山で迷う人が多かったのでしょうか。カアラ山には**心優しい女神カイオナがすみ、道に迷った旅人を導く**という神話が残っています（NOTE❷）。

カイオナは、カアラ山とワイアナエ山脈の守護神。限りなく慈悲深い女神として知られ、カアラ山で旅人が道に迷うと自分に仕える鳥、イヴァを遣わして旅人を導いたとか（NOTE❸）。「カイオナの鳥の優しさよ」という、古いことわざも残っています。

一方、山頂には故郷カネオヘを追われた野豚の半神カマプアアと祖母がすんでいたという伝説があるほか、火山の女神ペレの妹ヒイアカの神話にもカアラ山が登場。姉の思い人をカウアイ島まで迎えに行く途中、ハワイ各地を訪ねたヒイアカ（↓P.20）。ハレイヴァ近くからカアラ山を見上げ、

1. ワイアナエ側から見たカアラ山
2. ワヒアワから見たカアラ山（中央）。どの方面から見ても平たい山頂、またはおへそのような山頂のレーダーが目印に

「冷たい霧に包まれたカアラよ……」と詠唱をささげ、カアラ山を称賛したのでした。

霧と神秘のベールに包まれたこのカアラ山、ぜひワイアナエ沿岸やワヒアワ、ノースショアから探してみてください。

知っトク! NOTE

❶カアラ山頂にはハワイ固有の動植物が多く、ハワイ州の自然保護区に指定されています。

❷女神を謳った曲「カイオナ」（プアケア・ノグマイヤー作）は人気シンガー、ケアリイ・レイシェルのアルバム「ケアラオカマイレ」に収録。

❸カイオナは盲目で、迷った旅人の心の叫びを聞きつけイヴァを道案内に送るといわれます。

Mt. Kaala
カアラ山

ワイアナエ、ワヒアワ、ノースショア各地から望める。日によってはホノルルから遠望できることも

航海ゆかりの聖地

ポカイ湾

ポカイとは、タヒチからこの地にやってきた11世紀の航海士にして首長の名。ハワイに初めてヤシの木をもたらしたとされる人物でもあります。ポカイがこの土地の海沿いに植えたヤシは浜辺に沿って広がり、やがて見事な林を作りました。林はぐるりと湾を囲み、貴重なシェルターと生活資源（NOTE❶）を村人に与えたということです。

美しい「ポカイのヤシ林」の名はオアフ島中にとどろき、この海も伝説の航海士の名を取ってポカイ湾と呼ばれるようになりました。このようにカヌー&航海の伝統が色濃く残るポカイ湾は、今では航海にまつわる聖地とみなされています。ポカイ湾を出発点、もしくは到着地点とするカヌーレースがいくつもあるのには、そんなわけがあります。

さらにポカイ湾の東寄りには、重要な史跡がひとつ。**航海学を学ぶための神殿（NOTE❷）、クイリオロア神殿**です。カネイリオ岬の先端に建ち、三方を海に囲まれたこの神殿で、昔のハワイアンは風や雲、星を頼りに大海原を旅する術を学んだのでした（NOTE❸）。神殿が建てられたのは11～12世紀頃と伝えられています。

神殿は第2次世界大戦中、岬を軍事利用した陸軍によりかなり破壊されてしまいましたが、

1. 数々のハワイアンソングにも謳われるポカイ湾。ビーチの背後にはいにしえのヤシ林の子孫が少し残る　2. 海に向かって延びる岬の先端にはクイリオロア神殿が

1970年代、地域住民の努力によって復元され、往年の姿を取り戻しています。

ちなみにクイリオロアという**神殿の名は、犬または人間の姿に自由に変化（へんげ）する伝説上の犬の名。**犬は半神で、航海者や旅人の守り神と信じられていました。

知っトク！NOTE

❶家造りの材料や生活道具、食糧や飲み水を供給するなど、古来、ヤシの木はなくてはならない植物でした。

❷神殿は祈りの場だったと同時に、各種の専門技術を学ぶ修業場でもありました（→ P.208）。

❸ハワイアン＆ポリネシア民族は星の位置や風向き、雲の流れなどを頼りに広大な海を移動。古代カヌーを復元したホクレア号もそういった技術に基づいて世界中を旅しています。

Pokai Bay
ポカイ湾

85-37 Waianae Valley Rd., Waianae（ポカイ湾ビーチパーク）

コオリナ地区からファーリントンハイウエイ沿いに西進。車で約 30 分ワイアナエ地方の「目」

マウナ・ラヒラヒ

ワイアナエ沿岸を進んでいくと、まず正面に、やがて左側にきれいな三角形の山、マウナ・ラヒラヒ（NOTE❶）が見えてきます。**マウナ・ラヒラヒはハワイ語で「細い山」**。ハワイ文化の権威、故メリー・カヴェナ・プクイによれば、「まるでナイフで切り取られたかのような細い山なので、マウナ・ラヒラヒと呼ばれた」ということです。

また1793年にこの地を訪れたイギリス人のバンクーバー船長（↓P.194）は、マウナ・ラヒラヒを「高い岩」と表現しました。「ビーチから急にそそり立つ驚くべき様子が目を引く」とも書き残しています。

実のところマウナ・ラヒラヒはワイアナエ沿岸のランドマークであり、**マカハ地区とカマイレ地区を分ける陸標のような役割**を担っていました。

高さは70mほどですが、山は一帯の見張り台としての役割を果たしていたともいわれます。やや海に突き出すように立っており、頂上からはこの地域にやってくる人の姿がよく見渡せたからです。そのためマウナ・ラヒラヒは古来、**「ワイアナエ地方の目」**と呼ばれることがありました。

一方、この立地を悪用し、山の頂上から盗人が旅人の品定めをしたという物騒な話も伝わってい

古来、人々の目を引きつけてきたマウナ・ラヒラヒ。カイウラニ王女はこの山を主題に歌を書いている

ます（NOTE❷）。ひとりで旅するひ弱そうな相手に狙いを定めると、山を駆け下りて旅人を急襲したとか。

いずれにしろマウナ・ラヒラヒが古来、ワイアナエの象徴だったのは確か。山の周辺は今、公園として整備されています。

知っトク！NOTE

❶プウ・ラヒラヒとも呼ばれます。プウは「丘」、マウナは「山」を表しますが、それほど厳密に区別されていません。

❷マウナ・ラヒラヒがあるマカハの地名には「狂暴な」「荒れ狂う」との意味があります。昔、この地方に強盗の一団が住み、通りかかる旅人を襲ったことからの命名とか。

Mauna Lahilahi
マウナ・ラヒラヒ

ポカイ湾からファーリントンハイウエイを約 10 分車で西に進むと、左側前方に見えてくる

COLUMN

「王族女性の出産地」の今

前述のコレコレ峠（→P．216）に近いワヒアワといえば、王族女性が出産したクーカニロコの史跡があることで知られます。クーカニロコとは、11世紀〜18世紀までの700年間、同地の岩のうえで高貴な女性たちが出産したという神聖な地（NOTE❶）。「ワヒアワのバース・ストーン」（→P．102）とも呼ばれ、オアフ島を代表する大首長、カクヒヘヴァ（→P．78）も同地で生まれています。

オアフ島の人々にとって重要な史跡であるクーカニロコは長く一般公開されていましたが、2012年から閉鎖中（2024年2月時点、事前リクエストによりグループの入場が許可されることがあります）。長らく手つかずだった一帯の土地に開発案がもち上がったのを機に、ハワイ州とハワイアン事務局（NOTE❷）が周辺の農地も含めて買収。史跡の保護と土地の有効利用のための計画を模索中、というのがその理由です。

このクーカニロコといえば以前、本来の史跡の重要性を曲解した旅行者が「妊活、婚活に効く」として押しかけた時代も。そういった旅行者の振る舞いが地元住民の間で問題になったことは記憶に新しいところです。そんな折り、史跡が10年以上も閉鎖されていることに、旅行者の過去の振る舞いの影響を見る人も多々。

諸条件が整いクーカニロコが再び一般公開される日が待たれるなか、聖地訪問のマナーについても再考する時期がきているのかもしれません。

知っトク! NOTE

❶各地のバース・ストーンのなかで、最も有名だったのがクーカニロコの岩。この地で生まれた子供は神の祝福を受け、さらに強大なマナ（霊力）を授けられるとの言い伝えがあったため、身重であっても女性たちが他島からクーカニロコを目指したものでした。

❷ハワイアンの福利のため、1970年代に設立されたハワイ州の外郭団体（→P.192）。

ハワイ年表

3世紀～5世紀　マルケサス諸島からハワイへ小規模な移住が始まる

10世紀前後　タヒチからハワイへの大規模移住がスタート。タヒチーハワイ間の往来が活発化

1300年頃　タヒチーハワイ間の交流中止。原因は不明

15世紀末　オアフ島の大首長マイリクカヒがワイキキを島の首都に定める

1758年頃　カメハメハ大王がハワイ島コハラで生まれる

1700年代

1778年1月　イギリスの航海家ジェームズ・クックがハワイに到来。島々をサンドイッチ諸島と名づける

1795年　カメハメハ大王、マウイ島に続きオアフ島を征服。ハワイ王国を築く

1800年代 前半

1810年　カウアイ島もハワイ王国の支配下に

1819年　カメハメハ大王死去。カメハメハ２世が即位。古来の原始宗教が廃され偶像崇拝も禁止に

1820年　アメリカのニューイングランドからキリスト教宣教師がハワイ入り。王族の保護のもとハワイで布教を始める

1823年　王国の首都がハワイ島コナからラハイナへ（1820年との説もあり）

1824年　カメハメハ２世がロンドンで客死。カメハメハ３世が10歳で即位

1840年　カメハメハ３世がハワイ初の憲法を発布

1845年　王国の首都がラハイナからホノルルに移る

1848年　ハワイの土地改革（グレートマヘレ）が施行される。王族以外の土地所有が初めて許され、外国人の地主も誕生

歴史をプチスタディ！

1800年代 後半

1854年末……カメハメハ3世没
1855年……カメハメハ4世が即位
1863年……カメハメハ4世没。カメハメハ5世が即位
1868年……日本から初の移民150人（非公式）がハワイへ。明治元年にハワイに渡ったため後世、「元年者」と称される
1872年……カメハメハ5世没。ルナリロ王が即位
1874年……ルナリロ王没。カラカウア王が即位
1881年……カラカウア王が世界周遊中、日本訪問。明治天皇に移民を要請する
1885年……日本からハワイへの政府公認の移民（官約移民）が始まる
1887年……銃剣憲法発布。国王の権力が大幅に議会に移り、王権が揺らぐ
1891年……カラカウア王没。リリウオカラニ女王が即位
1893年……クーデターで王国崩壊。リリウオカラニ女王が退位。暫定政府が成立
1894年……ハワイ共和国成立。サンフォード・ドールが大統領に就任
1898年……アメリカがハワイ併合。ハワイが準州となる

1900年代

1917年……リリウオカラニ女王が死去
1921年……ワイキキの土地開発がスタート
1941年……真珠湾攻撃をきっかけに日米開戦
1959年……ハワイがアメリカ50番目の州に

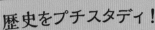

知っておきたい ハワイの王族

初代のカメハメハ大王から最後の女王リリウオカラニまで、ハワイ王国の君主は8人。全員がカメハメハ大王直系ではありませんが、カメハメハ大王と同じくハワイ島王家の血を引く人々です。そこにカウアイ島やマウイ島王家の流れを継ぐ王族、欧米人の血を受けた王族も加わって、19世紀のハワイで華麗な王朝絵巻が繰り広げられました。

カメハメハ大王

1758年頃～1819年
在位1795年～1819年

ハワイ島コハラ生まれ。島の長だった従兄弟を倒してハワイ島の頂点に立ち、他島も征服。1795年にハワイ王国を建国しました。勇猛なだけでなく知性と政治力に優れ、外国とも対等に渡りあった強力なリーダーとして知られます。古来の原始宗教の保護者でしたがその死の直後、原始宗教が崩壊。宗教に基づく社会基盤（カプ制度）も一緒に崩れ、ハワイが一変しました。

N/A

カウムアリイ

1778年頃～1824年

カウアイ島最後の王。カメハメハ大王との協議で、カウアイ島もハワイ王国傘下に入ることに同意。カメハメハから引き続きカウアイ島を統治することを許されましたが、カメハメハの死去から2年後にオアフ島に拉致され、カアフマヌ王妃との結婚を強いられることに。同時にカウアイ島の統治権も失いました。（注：カウムアリイの生前に描かれた肖像画は残っていません）

カアフマヌ王妃

1773年頃～1832年

カメハメハ大王の多くの妃のなかでもいちばんのお気に入り。マウイ島ハナで、カメハメハの腹心とマウイ島の王族女性の間に生まれました。たいへんな美女だっただけでなくカメハメハの女版ともいうべき胆の据わった女性で、カメハメハ2世の摂政として権力の座に。実質的に王国を支配し、原始宗教廃止を2世に提言したのはカアフマヌと2世の母ケオプオラニでした。

カメハメハ２世

1797 年～ 1824 年
在位 1819 年～ 1824 年

カメハメハ大王の息子で跡継ぎ。その母は、血統のうえから「カメハメハ大王の聖なる妻」と呼ばれた、マウイ島王族のケオプオラニ王妃。23 歳で即位しましたが、摂政に就任した義理の母にあたるカアフマヌに牛耳られ、ほぼ名ばかりの君主だったといえるでしょう。ロンドンに外遊中に麻疹にかかり、妻カママルとともに死去。享年 26 歳でした。

カメハメハ３世

1814 年～ 1854 年
在位 1824 年～ 1854 年

兄、カメハメハ２世の死を受けて 11 歳で即位。敬虔なクリスチャンだった母ケオプオラニが宣教師に子供たちの教育を託したこともあり、カメハメハ３世は教育係だったアメリカ人宣教師らを閣僚や政治顧問に起用。その結果、外国人の土地購入を可能にした土地改革やキリスト教国家の影響を強く受けた憲法が成立し、ハワイの欧米化に拍車をかけました。

カメハメハ４世

1834 年～ 1863 年
在位 1855 年～ 1863 年

カメハメハ大王の孫。母はカメハメハとカラクア妃の娘キナウ、父は王族でオアフ島知事も務めたケクアナオア。相談役だったスコットランド人、ロバート・ワイリーの影響を受け、イギリスびいきで洗練された国王だったといわれます。その晩年はあまり幸せなものではなく、ひとり息子のアルバート王子が４歳で急死してから 15 ヵ月後、29 歳で亡くなりました。

エマ王妃

1836 年～ 1885 年

カメハメハ４世の妃。祖父はカメハメハ大王の参謀だったイギリス人、ジョン・ヤング。幼馴染みだった４世と 20 歳で結婚しましたがひとり息子アルバートに続いて４世も早逝し、27 歳でひとりに。英国国教会の招聘、ハワイ最大の総合病院、クイーンズ病院創設などの社会活動で知られます。政治活動にも関心を示し、1874 年、国王に立候補。カラカウア王に敗れています。

ルナリロ王

1832年〜1874年
在位1873年〜1874年

祖父はカメハメハ大王の腹違いの兄、母はカメハメハの姪。直系ではないものの、カメハメハとはごく近い血縁関係にあります。カメハメハ5世が後継者を指名せずに亡くなったあと、当時の憲法に従いハワイ王国初の国王選挙が行われ、カラカウア王を破って王国6代目の国王に就任。庶民的で国民に慕われた王でしたが、肺病のため独身のまま約1年後に死去しました。

カメハメハ5世

1830年〜1872年
在位1863年〜1872年

カメハメハ大王の娘、キナウの息子（カメハメハ4世は弟ですが、カメハメハ3世の養子となっていたため先に即位しています）。ハワイ古来の伝統を重視し、気質的にカメハメハ大王に近い強さをもっていたとされます。英語に堪能ながらも常にハワイ語で通し、ハワイアンの誇りを貫いた国王でした。独身のまま死去し、5世の死によりカメハメハ王朝が終焉しました。

カピオラニ王妃

1834年〜1899年

カラカウア王の妻。父はハワイ島ヒロの王族、母はカウアイ島最後の王であるカウムアリイの娘でした。カラカウア王のふたつ年上で思いやりにあふれ、その功績のひとつにハワイ最大の婦人科&小児科病院であるカピオラニ病院の創設があります。政治的な野心ももたず、56歳の時にカラカウアが亡くなるとワイキキの別宅に移り、静かな晩年を送りました。

カラカウア王

1836年〜1891年
在位1874年〜1891年

4代前の先祖はカメハメハ大王の叔父で参謀だった、ハワイ島の首長。ルナリロ王の死後、王族間の選挙で王国7代目の国王に選ばれました。下火となっていたフラの復興、移民招聘など多くの功績があります。その一方、宣教師の子孫やサトウキビ農場主など王族をしのぐ財力をつけた白人勢力が台頭する時代に、難しい舵取りを強いられた国王でもありました。

写真提供：Hawaii State Archives

ルース王女

1826年〜1883年

ルース王女の母は、カメハメハ大王の孫。母はルースを出産直後に死去し、父はカメハメハ大王の娘キナウと再婚。つまりルースはカメハメハ大王のひ孫にして、（父とキナウの間に生まれた）カメハメハ4世&5世の腹違いの姉ということになります。カメハメハ5世の死後、カメハメハ王家の膨大な土地を相続し、ルースは王国一の財力を誇るパワフルな女性となりました。

リリウオカラニ女王

1838年〜1917年
在位1891年〜1893年

カラカウア王の妹で後継者。カラカウア王の当初の跡継ぎだった弟、レレイオホク王子が病死したため38歳で思いがけず次期国王に指名され、53歳で女王に就任。1893年の白人勢力によるクーデターにより退位を強いられたことから、「最後の女王」「悲劇の女王」と呼ばれます。優れた音楽家でもあり、有名な「アロハ・オエ」をはじめ生涯で150曲以上を作りました。

カイウラニ王女

1875年〜1899年

リケリケ王女とスコットランド人実業家のクレッグホーンのひとり娘。イギリスに留学中だった16歳のときにリリウオカラニ女王の後継者に指名されましたが、ハワイ王国が崩壊。その6年後、23歳の若さで病死しています。

パウアヒ王女

1831年〜1884年

カメハメハ大王のひ孫にして末裔。ルース王女の土地を相続したのが従姉妹のパウアヒ王女でした。パウアヒ王女の死後、遺言によりカメハメハスクール財団が設立され、財団は今もハワイアン子弟の教育に力を注いでいます。

クヒオ王子

1871年〜1922年

カピオラニ王妃の末妹、ケカウリケの三男。母を亡くしたあとはカピオラニとカラカウア夫妻に引き取られ、イオラニ・パレスに滞在していた時代も。20年間、アメリカ連邦議員を務め、ハワイアンの福利厚生のために尽くしました。

リケリケ王女

1851年〜1887年

カラカウア王&リリウオカラニ女王の妹。スコットランド出身の実業家で政府の要職を歴任したアーチボールド・クレッグホーンと結婚し、カイウラニ王女をもうけました。1887年、カイウラニが11歳の時、26歳で早逝。

知っておきたい ハワイの神々

自然を崇拝し、清水や森、風、火山など自然の万物に神を見出してきたハワイの人々。さらにこの世の創造主や、フラ、漁業、カヌー造りといった芸術や職業ごとの守護神などを含めると、実に4000とも4万ともいわれる神々がハワイにいると信じられています。そのなかから、本書に登場する主だった神々を中心に紹介しましょう。

Kane
カネ

ハワイ四大神のひとりでリーダー的存在。清水や日光、生命など人間にとって主要な分野を司っています。

Kanaloa
カナロア

四大神のひとりで海の神。カネとふたりで島々を旅した物語が数多く残ります。

Lono
ロノ

四大神のひとりで平和の神。豊穣、農業、雨などを司っています。

Ku
クー

四大神のひとり。戦いの神である一方、漁業、農業、森、癒やしの神としての側面も。

Hina
ヒナ

月の女神でたおやかな女性。クーの妻として描かれる物語もあります。

Pele
ペレ

ハワイ島にすむ火山の女神。嫉妬深くて短気。怒ると火山が噴火するとか。

Kamohoalii
カモホアリイ

ペレの長兄でサメの神。ペレとともにタヒチから一族を率いてハワイへ。

Papa
パパ

母なる大地の女神。夫である空の神ワケアとともにハワイの島々を創造しました。

Wakea
ワケア

父なる空の神で大地の女神パパの夫。ハワイ諸島の創造主。

Haumea
ハウメア

受胎や出産を司る女神で母性の象徴。謎多き女神で女神パパと同一視されることがあります。火山の女神ペレやヒイアカの母。

Moo
モオ

泉や池、川、滝つぼなど淡水を守る大トカゲの半神。恐竜然とした恐ろしいモオのほか、崇高な守り神としてのモオも。

Keaomelemele
ケアオメレメレ

金色の雲の権化で女神。フラの師でもありオアフ島にフラを広めました。

Menehune
メネフネ

働き者の小人族で石を使った建築が得意。ハワイ中で養魚池や神殿を建造しました。

Aumakua
アウマクア

家族神、先祖神。先祖の霊がカメやサメ、フクロウなど動物の姿でこの世に戻り、子孫を助けると信じられています。人間の姿であってもアウマクアと呼ばれます。

Namakaokahai
ナマカオカハイ

ペレの姉で海と海水の女神。夫を誘惑したペレをタヒチからハワイに追いたてました。

Hiiaka
ヒイアカ

ペレのお気に入りの妹で勇猛な女神。ペレの命で各島を巡った冒険譚で知られます。フラの守護神のひとり。

Poliahu
ポリアフ

ハワイ島マウナケア山にすむ雪の女神。ペレのライバル。

Laka
ラカ

フラの女神のひとり。森や植物の守り神でもあります。

Kapo
カポ

呪術の女神。ラカとは同一人物でラカの暗部の権化がカポとする説も。

Maui
マウイ

月の女神ヒナの孝行息子で半神半人。人間思いの心優しい神。

Kamapuaa
カマプアア

野豚の半神で女好き、乱暴者。ハンサムな首長の姿で人前に現れ、ペレと愛憎関係にあります。

知っておきたい
ハワイの言葉

ハワイの歴史や神話を理解するうえで、いくつかのキーワードを知っておくと理解がぐっと深まるはず。ここでは本書に繰り返し登場する主要な言葉を、簡単に解説。ハワイ語や、ハワイの成り立ちについても合わせて説明します。

Kapu カプ

禁止、禁忌。英語のタブーはポリネシア語のカプやタプ（タヒチ語）、タブ（トンガ語）が訛ってできたもの。

Pohaku ポハク

ハワイ語で石、岩。ハワイでは石にマナがこもると信じられ、神聖視される岩や伝説の残る岩が多数残ります。

Polynesia ポリネシア

太平洋に３つある地域&文化圏のひとつ。ハワイのほかタヒチやマルケサス、サモア、トンガ、ニュージーランドなどが含まれます。

Mana マナ

霊力、霊気。ハワイでは古来、人や遺骨、植物や岩など自然の万物や特定の場所には、マナがこもると信じられています。

Tahiti タヒチ

ハワイ語ではカヒキ。「海のかなたの土地」との意味があり、フランス領タヒチ諸島に限らず、タヒチ同様にハワイアン民族の故郷であるマルケサス諸島や、単に異国を意味することもあります。

Heiau ヘイアウ

先史時代の神殿、祭祀場。古来の原始宗教の廃止とともに破壊されましたが、今なおハワイの人々にとって大切な聖地。日本の神社とは本質的に異なり、庶民のお参りの対象ではなく、宗教儀式の場でした。

Hawaiian Language ハワイ語

ポリネシアの言語のひとつ。K の代わりに T が使われるなどの違いはあるものの、ポリネシア各島の言語はごく似通っています。

Kahuna カフナ

神官を含む専門家。神事に限らず各分野の専門家もカフナと呼ばれました。

ハワイ語とは

ハワイ語は英語と並ぶハワイ州の公用語。A、E、I、O、Uという5つの母音、H、K、L、M、N、P、Wという7つの子音で構成され、発音はローマ字表記とほぼ同じ。日本人には発音しやすい言語ですが、Awa（植物）はアワではなくアヴァと読むなど、Wの発音がVとなる場合もあります。ちなみにポリネシアの島々の言葉はよく似ており、ハワイアンの故郷のひとつであるタヒチではKの代わりにTを使うことから、ハワイでそのままTが使われることも。カロ→タロがその好例です。

ハワイの成り立ち

ハワイ王国　Kingdom of Hawaii

1795年にカメハメハ大王が築いた王国。ただしカウアイ島が参画したのは1810年。1893年、白人勢力によるクーデターにより崩壊。

ハワイ共和国　Republic of Hawaii

ハワイ王国が倒れた後、暫定政府を経て1894年、ハワイは共和国に。初の白人大統領が誕生しました。

ハワイ準州　Territory of Hawaii

1898年、アメリカに併合されハワイはアメリカの領土に。領土時代のハワイは準州と称されていました。

ハワイ州　State of Hawaii

1959年8月21日、ハワイがアメリカ50番目の州に。その日は今、「ステートフッドデイ」と呼ばれる州の休日となっています。

Chant チャント

詠唱。過去のできごとを口頭伝承してきたハワイアンは、歴史や物語などを節をつけた詠唱の形で次世代へとつなげました。

Hula フラ

日本ではフラダンスですが、正式にはフラ。フラの手の動きは物語を表し、人々はチャントとともにフラを踊り、歴史や物語を継承してきました。

Fishpond 養魚池

海の一部を石垣で囲んだ池。木の柵が何ヵ所か設けられ、稚魚が柵をくぐって池に入った後、成長して出られなくなるというシンプルな摂理を利用して造られていました。

Ahupuaa アフプアア

古代ハワイの土地区分。各アフプアアに必ず山と海が含まれるよう、島の中央からパイを切るごとく縦長にくぎられていました。

Taro タロ

サトイモの仲間でハワイアンの主食。ハワイ語ではKaloカロ。伝統食のポイは、タロイモを蒸して水を加えながら練りつぶしたペースト状のもの。

おわりに

横浜からハワイに移り住み、人生の半分以上が過ぎました。本書は、私がホノルルで見聞きし、学んできたオアフ島のカルチャースポットを、頭の引き出しがすっかり空になるまで出しきって仕上げた1冊です。読んでくださった皆さんが必ず、周りもアッと驚くハワイ通になれる！　そんな自負のもと、ここにお届けいたします。

世界に知られた人気の島、ハワイ。ですがホノルルで暮らしながら時にさびしく感じるのが、ハワイを単なるリゾートアイランドと思っている旅行者が一部いることです。ハワイは確かに楽園のごとく美しいけれど、無人島に造られた箱庭などでは決してなく、1000年を優に超える歴史と豊かな文化を誇ります。そのハワイの神話世界や過去の逸話を紹介することで、ハワイの実像を発信できたなら……。そんな願いとともに、本書を書きあげました。

近年、ハワイでよく見聞きするフレーズに、「ハワイを慈しもう、大切にしよう」を意味する「マラマハワイ」があります。ハワイの自然を守ろうというエコなフレーズと解釈されがちですが、何もこれは自然にかぎった提唱ではなく、ハワイ全体にかかるスローガン。

ハワイの歴史や深遠な文化を学ぶことで島をリスペクトする気概が生まれ、「マラマハワイ」の心に直結する――。それが私の信じるところです。本書が少しでも「マラマハワイ」の心を知っていただく助けになれば、こんなにうれしいことはありません。

最後になりましたが、本書の企画に当初から理解を示し、いち早くGOサインを出してくださった「地球の歩き方」編集室の日隈理絵さん、臨機応変な作業で制作を進めてくださった開成堂印刷の国見武司さん、ドローンも駆使して美しい写真を撮ってくださったカメラマンのクニナカイさん、今回もハワイらしさあふれる個性的な本の装丁を仕上げてくださったブックデザイナーの清水佳子さん、私のイメージそのままのすてきなイラストを描いてくださった竹永絵里さんに、心からの謝意をささげます。

そして書店で本書を手にとってくださった皆さまにも、感謝の気持ちでいっぱいです。

MAHALO&ALOHA！　また逢う日まで……。

2024年2月吉日　森出じゅん

- Vivian L. Thompson “Hawaiian Myths of Earth, Sea and Sky”, University of Hawaii Press, 1988
- William D. Westervelt “Legends of Old Honolulu”, Mutual Publishing, 2003
- William D. Westervelt “Hawaiian Legends of Ghosts and Ghost-Gods”, Charles E. Tuttle Company, Inc., 1987
- John R. K. Clark “Hawaii Place Names”, University of Hawaii Press, 2002
- John R. K. Clark “Beaches of Oahu”, University of Hawaii Press, 2005
- Allan Seiden, “Pearl Harbor”, Mutual Publishing, 2016
- Marshall Sahlins, “Anahulu-The Anthropology of History in the Kingdom of Hawaii” Vol 1, The University of Chicago Press, 1992
- Patrick V. Kirch, “Anahulu-The Anthropology of History in the Kingdom of Hawaii” Vol 2, The University of Chicago Press, 1992
- Ralph Thomas Kam, “Lost Palaces of Hawaii”, MacFarland & Company, Inc., Publishers, 2022
- Paul Christiaan Klieger, Roger Rose, Scot Parry, Tracy Tam Sing, Robin Wofford, Sydney Taylor, Susan A. Lebo, Helen Leidemann “Hu Ka Ipu o Oahu-A History of Central Koolau Poko, Oahu”, Bishop Museum, 2005
- George S. Kanahele, “Waikiki 100 B.C. to 1900 A.D.-Untold Story”, The Queen Emma Foundation, 1995
- Nathaniel B. Emerson “Pele and Hiiaka”, Ai Pohaku Press, 1915

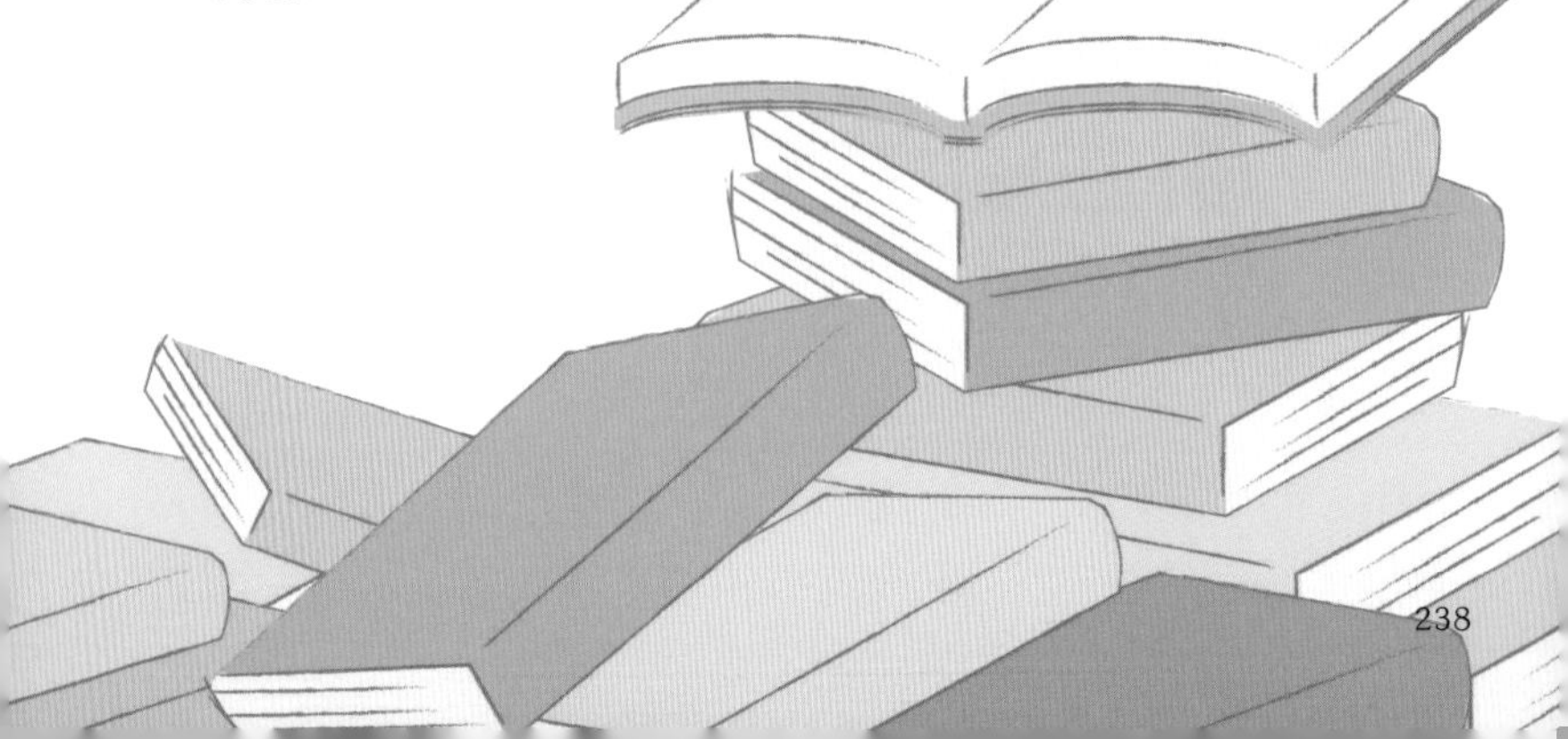

参考文献

●Abraham Fornander "Fornander Collection of Hawaiian Antiquities and Folk-Lore", Forgotten Books, 2016
●David Malo "Hawaiian Antiquities", Bishop Museum Press, 1980
●Elspeth P. Sterling, Catherine C. Summers "Sites of Oahu", Bishop Museum Press, 2001
●Martha Beckwith "The Kumulipo", University of Hawaii Press, 1972
●Martha Beckwith "Hawaiian Mythology", University of Hawaii Press, 1982
●Mary Kawena Pukui, E. W. Haertig, M.D., Catherine A. Lee "Nana I Ke Kumu", Queen Liliuokalani Children's Center, 1983
●Mary Kawena Pukui, Samuel H. Elbert "Hawaiian Dictionary", University of Hawaii Press, 1986
●Mary Kawena Pukui, Laura C. S. Greem "Folktales of Hawaii", Bishop Museum Press, 1995
●Mary Kawena Pukui, Samuel Hoyt Elbert & Esther T. Mookini, "Place Names of Hawaii", University of Hawaii Press, 1974
●Padraic Colum "Legends of Hawaii", Yale University Press, 1973
●Samuel Kamakau "The People of Old", Bishop Museum Press, 1992
●Thomas Thrum "Hawaiian Folk Tales, a Collection of Native Legends and Traditions", A.C. McClurg & Co., 2014
●Thomas Thrum "More Hawaiian Folk Tales, a Collection of Native Legends and Traditions", A.C. McClurg & Co., 1979

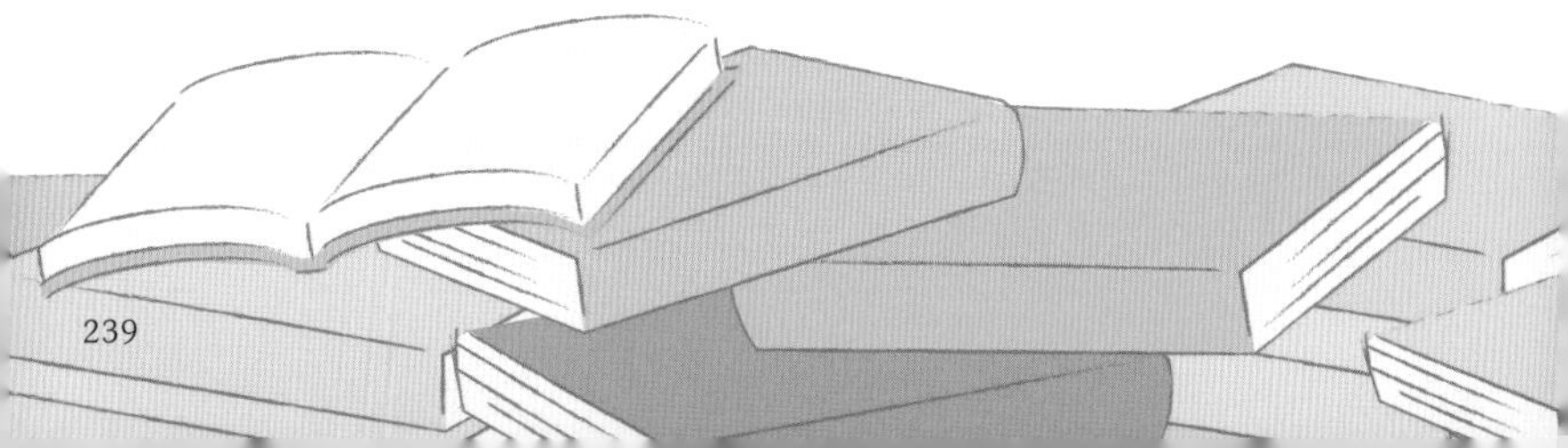

地球の歩き方　旅の読み物

S03 史跡と神話の舞台をホロホロ!
ハワイカルチャーさんぽ

2024年4月2日　初版第1刷発行

著　　者	森出じゅん
表紙・デザイン	清水佳子
イラスト	竹永絵里
写　　真	クニナカイ、Hawaii State Archives、The Friends of Iolani Palace、iStock、PIXTA
校　　正	東京出版サービスセンター
編　　集	日隈理絵

著作編集	地球の歩き方編集室
発行人	新井邦弘
編集人	由良暁世
発行所	株式会社地球の歩き方 〒141-8425　東京都品川区西五反田2-11-8
発売元	株式会社Gakken 〒141-8416　東京都品川区西五反田2-11-8
印刷製本	開成堂印刷株式会社

●本書の内容について、ご意見・ご感想はこちらまで
〒141-8425　東京都品川区西五反田2-11-8
株式会社地球の歩き方
地球の歩き方サービスデスク「史跡と神話の舞台をホロホロ!
ハワイカルチャーさんぽ」投稿係
URL ▶ https://www.arukikata.co.jp/guidebook/toukou.html
地球の歩き方ホームページ（海外・国内旅行の総合情報）
URL ▶ https://www.arukikata.co.jp/
ガイドブック『地球の歩き方』公式サイト
URL ▶ https://www.arukikata.co.jp/guidebook/

●本書は基本的に2024年2月時点の情報に基づいて作られています。
発行後に開園時間などのデータが変更になる場合がありますのでご了承ください。
更新・訂正情報：https://www.arukikata.co.jp/travel-support/
●この本に関する各種お問い合わせ先
・本の内容については、下記サイトのお問い合わせフォームよりお願いします。
URL ▶ https://www.arukikata.co.jp/guidebook/contact.html
・在庫については　Tel ▶ 03-6431-1250（販売部）
・不良品（乱丁、落丁）については　Tel ▶ 0570-000577
学研業務センター　〒354-0045　埼玉県入間郡三芳町上富279-1
・上記以外のお問い合わせは　Tel ▶ 0570-056-710（学研グループ総合案内）